QUANGUO GONGHUI ZHONGDIAN GONGZUO
CHUANGXIN ANLI

# 全国工会重点工作创新案例

## 2024年第1-2期

中华全国总工会◎编著

中国工人出版社

# 围绕高质量发展这一首要任务
# 充分发挥工人阶级主力军作用（代序）

徐留平

高质量发展是全面建设社会主义现代化国家的首要任务。工会是中国共产党领导的工人阶级群众组织，以党的旗帜为旗帜、以党的意志为意志、以党的使命为使命，围绕中心、服务大局是工会组织的优良传统和政治优势。新时代新征程，工会组织要全面贯彻落实习近平新时代中国特色社会主义思想和党的二十大精神，团结动员亿万职工贯彻新发展理念、服务构建新发展格局、推动高质量发展，为全面建成社会主义现代化强国、实现第二个百年奋斗目标团结奋斗。

**一、深入学习贯彻新时代党的创新理论，调动激发亿万职工群众投身高质量发展的热情**

党的十八大以来，在以习近平同志为核心的党中央坚强领导下，党和国家事业发展取得历史性成就、发生历史性变革，从根本上讲，就在于习近平新时代中国特色社会主义思想的科学指引。推动高质量发展，使命光荣、任务艰巨，更加需要坚持以习近平新时代中国特色社会主义思想为指导，深入学习贯彻习近平经济思想，回答好新时代为谁发展、如何发展、实现什么样的发展等一系列重大理论和实践问题，不断加强党对经济工作的全面领导，贯彻新发展理念、构建新发展格局，实现党的二十大确定的战略目标。工会承担着引导职工群众听党话跟党走、巩固党执政的阶级基础和群众基础的政治责任，这就要求工会组织必须加大对党的创新理论的宣传宣讲，夯实广大职工团结奋斗的共同思想基础，汇聚起亿万职工推动实现中国式现代化的磅礴力量。

把深入学习贯彻习近平新时代中国特色社会主义思想作为首要政治任务。举办劳模工匠党代表微宣讲、劳模工匠进校园、万名劳模宣讲党的创新理论活动，推动党的创新理论进企业、进车间、进班组，引导广大职工深入学习贯彻习近平新时代中国特色社会主义思想和党的二十大精神，学习贯彻习近平总书记关于工人阶级和工会工作的重要论述，深化广大职工对中国共产党领导和中国特色社会主义制度的政治认同、思想认同、理论认同、情感认同，深刻领悟“两个确立”的决定性意义，增强“四个意识”、坚定“四个自信”、做到“两个维护”，更加紧密地团结在以习近平同志为核心的党中央周围。

强化职工理想信念和形势政策教育。通过分众化、差异化、精准化的手段和措施，向广大职工宣传宣讲党的路线方针政策，引导广大职工深入学习习近平经济思想，深刻理解这一思想的丰富内涵、精神实质和实践要求，正确认识党和人民事业所处的历史方位和发展阶段，全面辩证客观看待当前我国经济社会发展形势，正确对待发展中的困难和问题，处理好个人与集体、当前与长远、局部与整体的利益关系，进一步增强直面挑战、攻坚克难的信心和干劲，以更大的热情投入高质量发展的伟大实践。

加强职工思想政治工作。聚焦新就业形态劳动者、农民工、青年职工等重点群体，把职工思想政治引领工作更多地落实落细到企业、车间、班组，把习近平总书记和党中央对职工群众的关心关爱传递到职工群众中。构建工会大宣传格局，充分发挥工会报刊、文化宫、职工书屋等传统宣传阵地作用，加快发展工会官网、微信公众号、微博、抖音号、微视号等新媒体，创建融媒体平台，实现线上线下同频共振。加强统筹协同，强化全国工会系统宣传教育统筹管理，强化与宣传、网信、文化等横向部门的协同合作，形成宣传工作合力。开展“网聚职工正能量、争做中国好网民”主题活动，做大做强主流思想舆论。

## 二、准确理解把握党中央重大决策部署，组织动员亿万职工在高质量发展中建功立业

高质量发展是“十四五”乃至更长时期我国经济社会发展的主题，关系我国社会主义现代化建设全局。当前，我国经济已由高速增长阶段转向高质量发展阶段，只有坚持创新成为第一动力、协调成为内生特点、绿色成为普遍形态、开放成为必由之路、共享成为根本目的的发展，加快推进质量变革、效率变革、动力变革，才能有效破解一系列结构性、周期性、体制性突出问题，才能有效应对外部环境变化带来的冲击挑战，才

能更好满足人民日益增长的美好生活需要。把全面建成社会主义现代化强国宏伟蓝图变为现实，推动党中央关于高质量发展的决策部署落实落地，工人阶级是主力军。工会是党领导下工人阶级群众组织，团结带领广大职工为实现党的中心任务建功立业是工会的重要使命，这就要求工会组织立足自身特点，牢牢把握当代工人运动时代主题，组织动员广大职工为实现高质量发展贡献智慧和力量。

深化产业工人队伍建设改革。发挥全总牵头抓总作用，紧扣产业工人思想引领、建功立业、素质提升、地位提高、队伍壮大等重点任务，研究制定深化产业工人队伍建设改革的意见，加强政策集成、力量统筹、资源整合和督促检查，提高产改实效。综合运用各方资源和力量，深入推进十大产业百家企业深化产改专项行动，针对不同所有制、不同行业、不同区域企业的不同特点，建立健全企业推动改革的体制机制，激发企业参与改革的内生动力，切实发挥企业在产业工人队伍建设改革中的主体作用。

广泛深入持久开展劳动和技能竞赛。立足完整准确全面贯彻新发展理念，加快构建新发展格局，着力推动高质量发展，围绕国家重大战略、重大工程、重大项目、重点产业，广泛深入持久开展各种形式的主题劳动和技能竞赛，探索“云竞赛”、新产业新业态竞赛等新形式，推动竞赛在提升职工技术技能素质、促进企业高质量发展、实现科技自立自强中发挥更大作用。加强工作指导，总结工作经验，推动在各层级、各地区、各行业、各条战线部署竞赛活动，进一步将竞赛向中小微企业、非公企业延伸，向车间班组延伸，向新技术新业态新模式领域拓展。

建设高素质劳动大军。针对高质量发展对劳动者素质提出的新要求，加强职工技术技能培训，广泛组织职工参加技术革新、技术协作、发明创造、合理化建议、网上练兵和“五小”（小发明、小创造、小革新、小设计、小建议）等群众性创新活动，加强新时代工匠学院建设，深化劳模和工匠人才创新工作室创建，发挥劳模工匠在提升职工素质中的示范引领作用。着眼于提升企业核心竞争力，充分发挥企业的主体作用，推动企业通过劳动竞赛、技能培养、畅通职业发展通道等点燃职工创新创造激情，广泛组织动员亿万职工以主人翁姿态全身心投入到全面建设社会主义现代化国家、以中国式现代化全面推进中华民族伟大复兴的历史洪流中。

大力弘扬劳模精神、劳动精神、工匠精神。开展“中国梦·劳动美”主题宣传教育，举办大国工匠创新交流大会、大国工匠论坛，加强职工创新成果展示交流，关心关爱劳模工匠，做好劳模评选表彰工作，推动落实劳模工匠待遇，提升劳模工匠地位，加强对低收入劳模的生活困难帮扶，做好劳模工匠疗休养、学习深造等工作，加强劳模和工匠选树宣传，面向各行业、各领域培育和宣传先进典型，选树“大国工匠年度人物”“最美职工”等，引导更多职工争当先进、争创一流，营造全社会尊重劳动、尊重知识、尊重人才、尊重创造的良好氛围。

## 三、认真履行工会维权服务基本职责，推动实现亿万职工共享高质量发展成果

推动高质量发展的最终目的是人民幸福安康。党的二十大对增进民生福祉、提高人民生活品质作出明确部署安排，强调要坚持以人民为中心的发展思想，维护人民根本利益，不断实现发展为了人民、发展依靠人民、发展成果由人民共享，让现代化建设成果更多更公平惠及全体人民。工人阶级是社会财富的创造者，也应该是发展成果的公平享有者。维护职工合法权益、竭诚服务职工群众是工会的基本职责，这就要求工会组织坚持以职工为中心的工作导向，把职工群众安危冷暖放在心上，以不断满足职工群众对美好生活的向往为目标，推动解决职工群众最关心最直接最现实的利益问题，让广大职工群众共享改革发展成果，获得感、幸福感、安全感更加充实、更有保障、更可持续。

维护好职工合法权益。推动落实就业优先政策，健全就业促进机制，高度关注下岗失业职工、高校毕业生等群体，开展全国工会就业创业系列服务活动，加大职工技能培训和转岗培训工作力度。加强新就业形态劳动者权益保障，深入推进新就业形态劳动者工会工作三年行动，推动头部平台企业建立工会、建立职工代表大会制度，推动平台企业合法规范用工、科学调整算法、完善劳动定额标准，推进职业伤害保障试点工作，加快解决新就业形态劳动者面临的劳动报酬、社会保险、休息休假、职业安全等突出问题。维护农民工合法权益，落实根治欠薪各项长效机制，持续推进解决拖欠农民工工资问题，推动常

住人口平等享受城镇基本公共服务。建好用好工人文化宫、工人疗休养院、服务中心等工会服务阵地，搭建“互联网+职工文化”平台，创新职工文化服务方式，丰富优质职工文化产品供给。

提升工会服务职工实效。聚焦职工群众海量的日新月异需求做好维权服务，完善以“普惠性标准服务+精准性重点帮扶”为主体的工会维权服务体系，叫响做实送温暖、送清凉、金秋助学、职工医疗互助等工作品牌，加快工会数字化转型，组织开发直达亿万职工群众的线上维权服务平台，努力实现“全国连通、一端尽享”，为职工提供可感可知、直接直达的服务。巩固城市困难职工解困脱困成果，健全防止返困动态监测机制，推进中央财政职工困难帮扶资金项目实施，保障困难职工家庭基本生活。

推动构建和谐劳动关系。健全以职工代表大会为基本形式的企事业单位民主管理制度，坚持和完善职工董事制度、职工监事制度，切实保障职工的知情权、参与权、表达权、监督权。坚持和发展新时代“枫桥经验”“浦江经验”，加大劳动争议和纠纷的调处力度，建立健全全国职工群众维权服务“12351机制”，经常性开展风险隐患排查化解，发挥协调劳动关系三方机制、政府和工会联席会议制度、“法院+工会+人社+司法”四方联动机制、劳动人事争议多元处理等机制作用，培育选树基层协调劳动关系公共服务样板站点，将劳动关系矛盾和隐患化解在基层、消除在萌芽状态。

## 四、持续深化改革和建设，推动新时代新征程工会工作高质量发展

在推动高质量发展中更好发挥工会组织作用，必须不断深化工会改革和建设，把工会组织建设得更加充满活力、更加坚强有力。党的二十大对深化工会改革和建设、有效发挥桥梁纽带作用提出明确要求，这为工会改革创新提供了重要遵循和前进方向。当前，面对更加严峻的国际环境，面对更加迅猛的数字化浪潮，面对更加多元的职工诉求，面对更加复杂的劳动关系矛盾，与高质量发展的要求相比，工会工作仍然存在不少短板和不足，这就要求我们牢牢把握保持和增强政治性、先进性、群众性这条主线，以推进工会工作现代化为牵引，抓住增强基层工会活力、发挥基层工会作用这一关键环节，在建机制、强功能、增实效上下功夫，推动构建联系广泛、服务职工的工会工作体系，以新时代工会工作改革和建设成效更好服务经济社会高质量发展。

坚持政治性这一工会组织的灵魂。始终把坚持党的领导作为工会工作的最高政治原则和根本保证，把深入学习贯彻习近平新时代中国特色社会主义思想作为首要政治任务，与学习贯彻习近平总书记关于工人阶级和工会工作的重要论述贯通起来，健全学习新时代党的创新理论的制度性安排，及时传达学习习近平总书记重要指示批示和党中央重大决策部署，深刻领悟“两个确立”的决定性意义，增强“四个意识”、坚定“四个自信”、做到“两个维护”，始终在思想上政治上行动上同以习近平同志为核心的党中央保持高度一致。巩固拓展学习贯彻

习近平新时代中国特色社会主义思想主题教育成果，坚定不移全面从严治党，深入推进新时代党的建设新的伟大工程，强化党组织政治功能和组织功能，深化政治机关建设和模范机关创建，全面促进党的建设高质量发展。

将先进性作为工会工作的重要着力点。加强工会工作体系化建设，研究制定《工会工作服务化、体系化、品牌化、创新化、数字化建设方案》，以服务化为目标谋划思路，以体系化为架构提升水平，以品牌化为载体扩大影响，以创新化为关键增强活力，以数字化为支撑赋能升级，推动实现工会业务要素化、结构化和流程化。加强智慧工会建设，充分运用数字化、智能化最新工具和手段，全面提升工会工作数字化水平，构建全总、产业工会、地方工会、基层工会之间高质高效的矩阵网络系统。建立全总党组周例会制度和一级、二级重大工作周度检查布置制度，健全全总全年工作大计划、各部门月度工作计划检查点评机制以及周工作循环机制，狠抓落实和执行，提高工作计划性、部门协同性和落实及时性。

突出群众性这一工会组织的根本特点。树立大抓基层的鲜明导向，稳步推进“县级工会加强年”专项工作，把力量和资源进一步向基层倾斜，夯实工会基层基础，鼓励基层大胆探索、积极创新，及时总结基层创造的鲜活经验，更好示范带动面上工作，使基层工会真正建起来、转起来、活起来、强起来。大兴调查研究之风，深入企业、深入车间、深入职工，掌握实情、把脉问诊，切实了解基层实际情况，推动解决职工急难愁盼问题。健全完善工会干部育选管用工作体系，完善对机关部门、干部职工和直属单位的考评制度，强化考核结果运用，增强干部推动高质量发展本领、服务群众本领、防范化解风险本领。完善机关干部基层联系点、定期接待群众来访制度，增加全总机关干部赴基层蹲点频次、拓展蹲点范围，实现全总机关干部“一竿子插到底”，联系最基层、直接服务一线职工群众。

（本文系中华全国总工会党组书记、副主席、书记处第一书记徐留平同志在《习近平经济思想研究》（2024年第1期）发表的署名文章）

# 目 录

CONTENTS

## 全国工会重点工作创新案例（2024年第1期）

### ‖ 一、思想政治引领 ‖

## ‖ 二、宣传传播 ‖

## ‖ 三、劳动和技能竞赛 ‖

## ‖ 四、发挥劳模工匠作用 ‖

## Ⅱ 五、产业工人队伍建设改革 Ⅱ



## Ⅱ 六、“四技”、“五小”、“两比” Ⅱ

## ‖ 七、新就业形态劳动者 ‖

## ‖ 八、维护职工权益 ‖

## ‖ 九、工会服务职工 ‖

## ‖ 十、基层工会建设 ‖

## ‖ 十一、构建和谐劳动关系 ‖

## 十二、参与劳动争议调解和职工法律援助

## ‖ 十三、劳动法律监督“一函两书”‖

## ‖ 十四、智慧工会建设 ‖

## ‖ 十五、女职工工作 ‖

## 全国工会重点工作创新案例（2024 年第 2 期）

### ‖ 一、思想政治引领 ‖

## ‖ 二、宣传传播 ‖

## 三、劳动和技能竞赛

## ‖ 四、发挥劳模工匠作用 ‖

## ‖ 五、产业工人队伍建设改革 ‖

## ‖ 六、“四技”、“五小”、“两比” ‖

## ‖ 七、新就业形态劳动者 ‖

## ‖ 八、维护职工权益 ‖

## ‖ 九、工会服务职工 ‖

## ‖ 十、基层工会建设 ‖

## ‖ 十一、构建和谐劳动关系 ‖

## ‖ 十二、参与劳动争议调解和职工法律援助 ‖

## ‖ 十三、劳动法律监督“一函两书” ‖

## ‖ 十四、智慧工会建设 ‖

## ‖ 十五、女职工工作 ‖

# 全国工会
# 重点工作创新案例

（2024 年第 1 期）

# 一、思想政治引领

# 内蒙古乌海市总工会职工讲堂<br>理论宣讲深入人心

为打造科学、系统、多元、全方位的职工思想政治工作体系，扎实做好广大职工的教育引导，乌海市总工会联合乌海市委讲师团，创办了“乌海市蒋桂芝理论宣讲名嘴工作室职工讲堂”，把党的创新理论冒着热气讲出来，传到职工中去，守正创新让新时代工会思政工作充满生机活力，为企业高质量发展凝聚起奋进共识，切实将广大职工凝聚到工会组织中来。

职工讲堂本着着力宣讲前构思、着力宣讲中创新、着力宣讲后总结的工作原则，全力构建全覆盖、多层次、立体化职工宣讲模式，将传统的说教式思想政治教育活动与企业服务、公益、业务、创新、典型选树等有效载体相融合，推进了企业思想政治工作高质量发展。

职工讲堂注重分众化宣讲，注重用小切口呈现大主题、小故事折射大时代、家常话解读大道理，以职工文化讲堂“送教上门”活动模式，2023 年开展了以“中国梦 · 劳动美——凝心铸魂跟党走 团结奋斗新征程”“牢记嘱托 奋力书写中国式现代化乌海新篇章”“感党恩 听党话 跟党走 全方位建设模范自治区”为主题的党的二十大精神宣讲、2023 年全国两会精神宣讲、中国工会十八大精神宣讲、铸牢中华民族共同体意识宣讲等各类“订单式”宣讲 60 余场，覆盖职工 12000 余人，得到了基层工会和广大职工的一致好评。

# 辽宁省总工会引导职工立足岗位践行雷锋精神

辽宁省总工会深入学习贯彻习近平总书记关于弘扬雷锋精神的重要论述，把雷锋精神作为闪亮的精神坐标，常态化长效化开展学雷锋系列活动，引导职工坚定不移听党话跟党走。

一是加强雷锋精神的研究阐释。依托抚顺市雷锋纪念馆、辽阳雷锋纪念馆等红色工运资源，举办雷锋精神专题论坛，制作播出电视专题片《精神永驻》，组织劳模工匠线上线下宣讲雷锋精神，把弘扬雷锋精神与弘扬劳模精神、劳动精神、工匠精神深度融合，生动展现新时代雷锋精神的丰富内涵和时代价值。

二是深化学雷锋主题实践活动。锚定辽宁打造新时代“六地”的目标定位，把弘扬雷锋精神作为深化拓展“中国梦·劳动美”主题宣传教育重要内容，纳入辽宁工会推进“1+3+N”总体工作框架项目清单，引导职工干一行爱一行、专一行精一行，立足岗位践行雷锋精神。

三是挖掘宣传学雷锋先进典型。以雷锋生前 100 元定期存单为蓝本，挖掘宣传工商银行抚顺雷锋支行存续“雷锋存折”，60 余年传承雷锋精神的典型事迹。在工会媒体平台开设“寻找身边的雷锋”专栏专题专页，创新媒体传播手段，构建媒体宣传矩阵，多媒体、多视角、多层次，选树挖掘宣传学雷锋先进典型事迹，形成职工学雷锋、全年学雷锋、全面学雷锋的浓厚社会氛围。

# 江苏省总工会推动“双进”工作<br>走进新就业形态劳动者

江苏省总工会认真贯彻落实全国总工会关于加强新就业形态劳动者工会工作的部署要求，积极探索“劳模工匠进校园 思政教师进企业”工作凝“新”聚力。

一是定制“精、实、小”宣讲内容。打造“总书记金句”系列微课，“案例 + 理论”示范宣讲，精准精炼讲好党的创新理论；邀请新就业形态劳动者中的劳模先进生动诠释“初心、匠心、恒心”；晨会工余讲好核心价值观。

二是建立“全、广、暖”活动机制。与人社、交通、邮管、政研会等部门联合发文部署，推动平台企业全覆盖；在主流媒体《了不起的劳动者——新就业形态劳动者专辑》着力塑造奋斗群像；开通“求学圆梦”专属通道，每年帮助不少于 3000 名新就业形态劳动者提升学历和技能层次。

三是探索“融、活、宽”工作路径。组织劳模工匠、思政教师、工会干部“三师”进站点宣讲；灵活加载“网络、文艺、心理”模式，把思想教育浸润到“指尖上”、“车轮间”；推动宣讲微课产品覆盖工会阵地。

2023 年以来，直接覆盖新就业形态劳动者 177 万人，特定圈层引领力影响力传播力日趋扩大。

# 浙江省总工会循迹溯源<br>打造“1+11+N+X”思政大学校

浙江省总工会全面系统梳理阐释习近平总书记在浙江工作期间关于工人阶级和工会工作的指示批示和重要论述，打造“1+11+N+X”内容体系的思政大学校。

一、建立 1 个机关学习室。系统梳理习近平总书记在浙江工作期间，到省总工会调研、参加工会相关会议和活动、在基层慰问职工与职工座谈等相关资料，安排场地予以专题展示和学习。

二、总结 11 个典型实践案例。结合主题教育，精心选题，挖掘传化集团构建和谐劳动关系、义乌社会化维权服务等方面 20 年来系统实践的典型案例，为新时代党的工运理论提供新素材、注入新内涵。

三、形成 N 个学习宣传教育体系。开发了 10 个学习贯彻习近平总书记关于工人阶级和工会工作重要论述的相关课程，建立了近 20 人的学习研究师资队伍和 10 个现场教学基地。

四、挖掘 X 个鲜活案例。梳理挖掘习近平总书记在浙江工作期间，调研指导过的单位、企业和座谈慰问过的职工，采访撰写 20 年来精彩蝶变的生动案例、鲜活故事，用身边的事例、新时代精神感召激励全省工会干部和广大职工群众积极投身中国式现代化建设。

# 浙江温州市总工会积极探索<br>“互联网 +”一体化劳动教育体系

浙江省温州市总工会协同市教育局，探索“互联网 + 教育”新模式，助力打造一体化劳动教育体系。

一是推出劳动主题新课程。协同推出“温州市劳模工匠进校园系列课程”。由温州市总工会牵头建立劳模工匠数据库、课程表，市教育局审定内容，纳入劳动周必选模块，采用专题讲座、劳动技能竞赛和劳动项目实践等形式举行。

二是构筑双向融合新模式。在吸引劳模工匠“进校园”的同时，组织学生“出校园”体验劳模工匠精神。建成温州市劳模工匠馆，成为温州市弘扬劳模精神、劳动精神、工匠精神的新地标。围绕“五一”劳动节等重要节日，集中开展走近劳模工匠系列社会实践活动，组织学生与劳模工匠近距离接触。

三是打造网络选课新平台。开展“互联网 + 教育”非遗课程教学展示，制作《温州我的家乡》等专题片 30 集，《温州鼓词》等非遗类网络课程 90 余节，通过温州教育影院平台汇集给各校自主选学。

截至目前，温州累计推出市级劳模工匠进校园宣讲课程 71 门，完成进校园活动 436 场，受益学生 30 余万人。“互联网 + 教育”的模式不仅使非遗项目得以发扬传承，而且借助现代教育技术，实现优质课程资源互联共享，成为三个精神传播的又一有效途径。

# 厦门市总工会开展“工悦领读”特色主题宣讲活动

厦门市总工会“工悦领读”特色主题宣讲始于 2018 年 9 月成立的厦门市劳模宣讲团，截至目前，已涵盖全市劳模代表、青工代表共 80 余人，深入基层开展宣讲活动 100 余场。该品牌先后获评全国工会职工书屋“优秀职工读书组织”奖，多次被《工人日报》、学习强国、人民网等主流媒体报道。

厦门市总工会“工悦领读”特色主题宣讲创新采用“劳模 + 青工 + 文艺骨干”的组合式轻骑兵宣讲模式，由劳模人物讲述党的创新理论、讲述创业奋斗经历；青工代表讲述用劳模先进事迹影响和带领身边职工群众比学赶超、创先争优的故事；文艺骨干开展形式多样文艺宣传。结合工会旧址、企业、建设工地等不同受众的特点构建分众式格局宣讲方式，同时依托厦门市职工服务中心职工学堂平台创设订单式宣讲内容，创新了点单式宣讲的新模式，制定了十几个主题的宣讲课程，企业可定期通过网站、微信等新媒体自主点课。通过开展常态化宣讲提升职工书屋宣传阵地作用，打造推出以理论宣讲、座谈、读书分享为主要内容的 480 余家“职工书屋”，以技能培训、业务学习和工作交流为主要内容的 20 余家“职工学堂”。

# 江西省总工会打造红色工运文艺思政课 注入职工思想引领新动力

江西省总工会紧扣职工群众思想政治引领建设工程，积极探索新路子，原创“亿万职工心向党”大型思政剧《赣鄱职工高歌向前》，梳理百年党史和工运史中的重大历史事件，分四个篇章展现赣鄱职工不畏艰险、高歌向前的精神面貌。全剧86分钟，演员300多人。对象化、分众化、互动化新编现代京剧、说唱歌舞、配乐朗诵等节目，重点邀请产业工人、新就业形态劳动者等一线职工观看。

2023年7月首演后，结合“中国梦·劳动美”主题宣传教育和省委“1269”行动计划，深入开展巡演，全年巡演15场，超1.3万名职工现场观看。

# 顶层设计 创新赋能
# 河南省总工会积极推动工会理论宣讲工作

近期，河南省总工会制定印发《关于加强和改进新时代理论宣讲工作的实施意见》等制度性文件，进一步规范理论宣传工作的内容、形式、方法、要求，为基层工会开展工作提供路径指引。

一、围绕“谁来讲”，加速宣讲队伍建设。省总工会成立“百人宣讲团”。各级工会上下联动、同频共振，组建省、市、县、乡镇、企业工会五级宣讲队伍，宣讲库成员千余人。2023 年全省工会线上线下宣讲 1.6 万余场，覆盖职工 820 万人次。

二、聚焦“讲什么”，加强宣讲内容指导。研究制定对象化分众化宣讲方案。面对产业工人，讲前沿技术和行业发展；面对青年职工，讲劳模精神、劳动精神、工匠精神和成才经历；面对普通群众，讲民生政策和美好愿景，让宣讲内容既有高度又有温度。

三、着眼“怎么讲”，加大宣讲方式创新。一是文艺宣讲。连续 8 年开展万场文化活动进基层工作，以“理论 + 文艺”的形式宣讲党的创新理论。2023 年各级工会开展文化活动 1.1 万余场，受众超 120 万人次。二是网络宣讲。录制“劳模工匠进校园”、中国工会十八大精神宣讲视频，推送至央广网新媒体平台，收看传播达 670 万人次。三是班组微宣讲。把宣讲课堂搬到厂矿企业、车间班组、生产一线、职工身边，利用班前会、学习会开展“微宣讲”，确保宣讲活动全面推开。

# 立白集团工会坚持党建带工建<br>让思想政治工作充满活力

一、关爱职工，夯实思想政治工作基础。一是设立工会服务站。提供如职工保障、女性关爱等 8 大类 25 项服务，实现线上“360 度 24 小时全方位贴心服务”。二是设立关爱职工基金。对遭受重大疾病、重大意外伤害的职工及其直系家属进行经济援助。三是设立爱心妈妈小屋。为特需女职工提供舒适贴心的空间。四是设立职工医疗服务中心。对职工免诊金一对一就诊，解决 42 种常见病诊疗。五是解决职工食、住、行难题。建设占地 1000 多平方米的食堂，投资 3000 万元建设职工宿舍“立白之家”，开设通勤班车等。

二、寓教于乐，创新思想政治工作载体。紧抓青年职工特征，开展“全国首个党建活动网络直播”、“党员摇一摇，书记聊一聊”活动被中组部选入“两学一做”先进典型案例。2020 年推出《立白党建“许许”道来》系列党课，获评广东省“全省百堂精品党课”。

三、责任公益，拓宽思想政治工作途径。2020 年向中国红十字会总会捐赠 2 亿元消毒除菌产品并自行配送至全国 363 个城市 2000 多家定点收治医院，职工积极参与各项公益工作，用实践和担当夯实了职工队伍的思想政治根基。

# 二、宣传传播

# 北京市总工会开展“最美劳动者 微笑带回家”活动

2024 年 2 月 1 日，北京市总工会举办“最美劳动者 微笑带回家”活动，现场为劳模工匠代表赠送记录他们日常工作精彩瞬间的“最美劳动者微笑照”，为来自教育、建筑、交通、通信信息等万名各行各业的一线职工，以及快递员、外卖员等新就业形态劳动者群体代表赠送 1000 个新春“福包”。全国五一劳动奖章获得者、2023 年“大国工匠年度人物”、汉王科技研发中心高级工程师、研发经理彭菲看着自己的“最美劳动者微笑照”爱不释手，“市总工会安排了专门的摄影师来给我们拍照片，没想到现场会收到这么大一幅！”北京市劳模、邮政投递员康智说：“非常感谢北京市总工会在每年春节前夕，给我们劳动者送温暖、送祝福、送微笑照，让我实实在在感受到了工会大家庭的温暖。春节期间，我也会继续坚守岗位，把大家购买的年货及时、准确送达！”

“最美劳动者、微笑带回家”活动是北京市总工会“两节”送温暖品牌活动，通过为一线劳动者送温暖、送祝福，把党和政府以及工会组织的温暖送到职工心坎上，广泛动员全社会关心、关注、关爱为首都建设做出贡献的普通劳动者。活动得到中央、市属主流媒体广泛关注，登上《北京新闻》,《北京日报》头版报道、《新京报》整版报道，新华网、光明网、央广网等多家媒体发布相关稿件 200 余篇，在全社会大力弘扬劳模精神、劳动精神、工匠精神，让劳动光荣、技能宝贵、创造伟大在全社会蔚然成风，唱响时代主旋律，传播社会正能量。

# 天津市总工会推动媒体融合发展 为职工思想政治引领赋能

天津市总工会积极推动媒体融合发展，以抖音官方账号和“津工 E 家”视频号为平台，聚焦中心工作、重点群体、重大工程，制作发布职工群众喜闻乐见、能够产生共鸣的短、微视频，通过创新工会宣传传播方式打造加强职工思想政治引领的新阵地。

一是加强策划，培育特色。在策划内容上，以大力弘扬劳模精神、劳动精神、工匠精神为主线，坚持分众化、差异化、精准化传播，通过“深度文案 + 镜头语言”的生产模式，策划出品《致敬劳动者》系列短视频，新年之际的《奋斗的追梦人》让各行各业的劳动者成为最亮眼的“主角”，深受职工喜爱，实现了裂变传播。

二是坚持导向，创新手段。紧密结合地方元素，制作《工会建驿站，大家齐夸赞》、《全国总工会服务职工热线 12351 开通》，以天津快板作为表现方式，唱出天津职工和工会干部心声；《记者眼中的你》创新运用第一视角，全新角度描摹劳动者之美，总体播放量超 100 万次。

三是全员上阵，建强队伍。市总工会融媒体全体采编人员集体上阵，以干代学，以学促干，制作拍摄了一批优质短视频内容，培养出一支政治强、思想新、视野广、人格正、掌握视频制作技术的采编队伍，为今后制作更多“抓人走心”正能量宣传视频，充分展示劳动者风采奠定了基础。

# 融入时代语境 创新典型宣传
# 上海市总工会开展向王曙群同志学习活动

为深入学习贯彻习近平总书记关于工人阶级和工会工作重要论述，大力弘扬劳模精神、劳动精神、工匠精神，上海市总工会开展向王曙群同志学习活动。

一、深挖内涵、创新形式，提升宣讲感染力。2024 年 1 月，举办大国工匠王曙群先进事迹报告会暨 2023 年上海工匠选树命名大会。王曙群作主旨演讲，王曙群徒弟、所在单位工会代表、上海工匠代表等采用 TED 形式，分享各自劳动故事和对工匠精神的理解感悟。中华全国总工会党组书记、副主席、书记处第一书记徐留平，时任上海市委副书记吴清出席会议并讲话。

二、全面部署、协同推进，提升宣传渗透力。为充分发挥劳模工匠示范引领作用，更好团结引领全市广大职工自觉投身上海“五个中心”建设，市总工会下发《关于开展向大国工匠王曙群同志学习的通知》，动员全市各级工会组织开展学习活动。制作主题海报，在全市各级工会媒体和“大屏小幕”开展集中宣传。

三、全媒传播、融合“添翼”，扩大典型影响力。新华社、《人民日报》、上海发布、《工人日报》等媒体先后推出相关报道；新闻广播 FM93.4、AM990 推出 5 天大国工匠王曙群公益报时；上海地铁站连续一周展播航天专题宣传片；联合上视新闻综合频道《夜线约见》推出王曙群专访。全媒体宣传触达受众近 1 亿人次，形成强大舆论声势。

# 浙江嘉兴市总工会首创<br>贺岁“工字”系列短剧传播正能量

浙江嘉兴市总工会发挥融媒体中心和职工拍客团优势，组合策划创意、新媒体运营、直播等功能，今年春节期间，原创 5 集贺岁片《龙年咚咚锵》在全国总工会、浙江省总工会、嘉兴市总工会微信公众号以及抖音、视频号等平台同步播出，总播放量达 152.6 万次，获得 3.5 万条互动留言，《工人日报》2 月 21 日专门作了报道。

一是突出“工会基因”。每集故事的创作灵感来源于嘉兴工厂、工人、工会“三工”领域真实发生的感人故事，主角分别为产业工人和网约车司机、电商主播等新就业形态劳动者，同时结合嘉兴作为外资企业集聚地的特点，以外籍职工为主角展示中外文化交流碰撞。

二是展示“嘉兴特色”。《中国 kongfu 顶呱呱》以嘉兴籍明代思想家袁了凡祖居作为故事发生地，让善文化在新春佳节更加彰显；《偏偏喜欢你》将嘉兴残疾外卖小哥送餐途中救下意欲跳河轻生男子的事迹融入剧情；《求婚最策划》中为困难职工捐赠毛衣的情节则脱胎于嘉兴市总工会“公益伙伴 100+”行动的真实案例。

三是适应“融媒规律”。坚持“眼睛向下”创作理念，用艺术化形式再现普通职工工作、生活中的真实经历，展示最生动的职工形象。充分适应新媒体传播规律，用快节奏强反转的剧情设计、诙谐生动的语言组织，传递劳动创造幸福的主旋律。

# 广东省总工会原创 MV《平凡之光》谱写新时代产业工人之歌

为致敬全国亿万产业工人，由广东省总工会出品、广东工会融媒体中心监制的原创 MV《平凡之光》，2023 年在网易云音乐、QQ 音乐、酷狗音乐等平台上线，全网点击量超百万次。歌曲同步纳入广东工人艺术团巡演节目单，贯穿全年送文艺进企业演出，巡演超 100 场，深受广大职工好评。

2024 年春节后第一个工作日，在广东全省再次吹响以产业科技创新持续推动高质量发展的号角之际，《平凡之光》职工演绎版 MV 也正式发布。来自全省各行各业的产业工人、劳模工匠代表身着工装亮相，倾情演绎，用歌声唱响新时代劳动者之歌。

# 云南省总工会“春节不打烊”宣传报道<br>书写云南职工最美“敬业福”

2024 年春节，云南省总工会及时制定“七项举措”，保障春节期间工会服务“不打烊”，工会温暖“不缺席”。联合省级主流媒体开展宣传策划，于春节期间推出专题专栏和系列宣传报道，充分展示了普通劳动者坚守一线的动人风采。

一是专题专栏聚焦“坚守”。在云南卫视、《云南日报》、云南网等媒体平台，在“中国梦 · 劳动美”、“新时代最美奋斗者”专栏基础上，开设“工会服务‘不打烊’、工会温暖‘不缺席’”专题，策划“‘七项举措’保障春节期间工会服务‘不打烊’”、“12351 职工服务热线全时段服务职工”等 4 个主题宣传，推出电视新闻报道 11 期，网络发稿 30 余篇，全网总浏览量 30 万以上，累计点赞数 4000 次以上，受到人民网、中工网、新浪、腾讯、搜狐、网易、今日头条等多家国内主流媒体关注和转载。

二是系列报道凸显“敬业”。联合《云南日报》、云南网推出 5 期“春节不打烊”专题报道，以海报 + 图文 + 视频的形式，报道了春节期间值守在重点工程、工厂车间、社会服务行业等岗位一线的工作人员 20 余人，并被学习强国云南平台转载。

三是融媒产品体现“暖心”。制作元旦春节“送温暖”公益广告 30 秒，在云南广播电视台持续播出，同步在《云南日报》、云南网专栏中展播。与新华网联合推出 H5 专题报道——让暖心服务聚“新”前行，在新华网云南频道获得 300 余万点击率。

# 甘肃省总工会创办电视栏目《劳模纪录工程》

为全面贯彻党的二十大精神，深入学习贯彻习近平总书记关于工人阶级和工会工作的重要论述，贯彻落实中国工会十八大确定的目标任务，加强全省职工思想政治引领，大力弘扬劳模精神、劳动精神、工匠精神，甘肃省总工会联合甘肃省广电总台在甘肃卫视创办大型日播类节目《劳模纪录工程》。

该栏目紧紧围绕劳模先进的突出事迹，采用“讲述人 + 短片呈现”的形式，综合运用电视和新媒体平台，全方位、多角度展现甘肃各行各业劳模和先进人物的精神风貌，唱响主旋律、弘扬正能量、讴歌新时代。

节目共制作播出 260 期，每期时长 5 分钟，播出周期一年。2024 年 2 月 26 日启动首播，每周一至周五黄金时段 19：35 在甘肃卫视播出，周末择优重播。每期节目除在甘肃卫视播出之外，视频产品还将分发到学习强国、视听甘肃 App、甘肃省广电总台丝路明珠网、甘肃卫视新媒体矩阵平台。在甘肃省总工会门户网站、甘肃工会公众号、视频号、抖音号开设《劳模纪录工程》专栏。栏目还将积极协调在央视、央广、《工人日报》、人民网、中工网、新甘肃、奔流新闻以及中央驻甘相关新媒体平台进行推介，从而覆盖各类受众群体，加大宣传力度，形成大宣传格局。

# 大屏小屏互动 线上线下联动<br>宁夏回族自治区总工会着力打造《匠心 · 半月谈》融媒体栏目

宁夏回族自治区总工会与宁夏广播电视台联合拍摄制作《匠心 · 半月谈》融媒体栏目，每两周（半月）一期，每期 20 分钟，通过深入的采访和真实的故事，以多角度、多维度的方式展示宁夏高质量发展进程中职工所发挥的主力军作用和主人翁风采。节目 2023 年 12 月 15 日上线开播至今，已先后播出了《陈树兰：塞上医者 心术如兰》、《王有德：生命不息 治沙不止》等 5 期节目。每期节目均以宁夏电视台 4 个频道首播、重播，全区工会系统新媒体视频平台同期转播的形式进行推送。

一是从栏目策划设计、统稿协调到拍摄剪辑，宁夏回族自治区总工会始终坚持亲力亲为、全程参与。开播仪式邀请了“人民楷模”王有德、陈树兰等全国、自治区劳动模范、五一劳动奖获得代表，自治区党委宣传部、总工会、电视台等领导现场为节目点赞，获得各界网友 84.76 万次关注。目前，节目收视率稳定在 1.7% 左右，已成为宁夏电视台热播栏目，在广大职工群众中享有广泛关注度与话题度。

二是坚持大屏小屏互动，线上线下联动。稳定传统电视媒体播出的同时，依托宁夏黄河云全媒体矩阵平台和全区工会系统新媒体平台全网同步发送，并联动学习强国、今日头条等进行全方位、多形式的宣传推广，达到更为广泛、更有效果的传播。

# 国能北电胜利能源公司工会开设“工匠有约”专栏厚植工匠文化传承工匠精神

2022 年以来，国能北电胜利能源公司工会立足具象化宣传展示厚积薄发精于一技、沉潜躬耕专于一业的“工匠精神”，多维度宣传好、展示好、树立好各级各类工匠典型。围绕让大国工匠、高技能人才成为全社会“香饽饽”的人才强企理念，在公司微信公众号开设“工匠有约”访谈专栏，邀请全国劳动模范、全国技能大师、全盟技术能手、集团优秀班组长、科技创新先锋、首席师等 14 名“胜利工匠”代表进行专访，集中宣传展示了一批具有专业特长、掌握高超技能、业务精湛、精益求精、严谨细致、专业敬业且长期坚守在生产一线岗位，并在本领域、岗位、专业内具有较高公认度和示范引领作用的杰出产业工人代表，多维度展现企业产业工人队伍建设改革的新风貌、高质量发展的新气象、创新技术保持行业领先的新业态。

依托开设“工匠有约”媒体专栏，大力弘扬劳模精神、劳动精神、工匠精神，促进教学链、人才链与生产链、创新链精准衔接，面向系统内和全社会营造了用一贤人则群贤毕至、见贤思齐就蔚然成风的“比学赶帮超”浓厚氛围，引导更多职工主动拥抱知识、技能和创新，让工匠精神在全社会生根发芽、开枝散叶，持续培育尊重工匠、关爱工匠、学习工匠、争当工匠的新风尚。

# 三、劳动和技能竞赛

# 广东省总工会以创新为主基调 开展深中通道劳动竞赛 助推国家重大工程建设

2017 年，广东省总工会将深中通道劳动竞赛纳入重点工程劳动竞赛，竞赛活动实行统一领导、分级实施、分类考评、定期表彰，成立重点工程劳动竞赛领导机构和实体工程竞赛领导机构。将竞赛划分为三个阶段实施（2018—2019 年，2020—2021 年，2022 年至通车）。成立深中通道项目工会联合会，参与、协助组织项目实体竞赛，从纵横两个维度制定方案、组织竞赛，实施“七个比”：比工程优质、比高效建设、比技术创新、比生产安全、比文明施工、比科学管理、比廉政建设。

通过组织竞赛，项目连续 7 年超额完成投资、进度计划，开工至今无安全责任事故，连年全省安全质量综合评比排名第一。创新研发“十大世界首创装备与系统”，保障了项目高质量建设，形成了“十大国际领先技术”，为跨海集群工程建造贡献了“深中方案”和“中国标准”。

# 北京市总工会聚焦国家重大战略
# 助力京津冀协同发展

2023 年 7 月，北京、天津、河北三地总工会主要负责人共同启动了“奋进新征程 建功新时代”京津冀协同发展劳动和技能竞赛，作为全国引领性劳动和技能竞赛项目之一。三地工会以劳动和技能竞赛作为重要抓手，开展深层次合作，实现“1+1+1>3”，于 2023 年至 2025 年由三地总工会轮流牵头主办开展，分别围绕交通、产业、生态等重点领域，以“轨道上的京津冀”“创新京津冀”“美丽京津冀”为主题，形成三地工会携手发力、合作共赢的生动局面。

充分发挥引领性竞赛的示范引领作用，形成以“全国引领性劳动和技能竞赛项目”为龙头、“省级引领性劳动和技能竞赛项目”为主体、“市县级竞赛、行业竞赛、企业竞赛为基础”的多层级、多行业、多工种、广覆盖的竞赛体系。搭建了“轨道上的京津冀”劳动竞赛网上排行榜系统，以“五比五创”、“四比四赛”为主要内容的劳动竞赛，将各单位参赛工种纳入系统评价体系，参加竞赛人员登录系统可随时查询竞赛信息，确保劳动竞赛公平、公正、公开，激励职工在竞赛中比学赶超、创新创造。竞赛涉及交通行业 100 余个工种、400 余家企业、1300 余个车间、11300 余个班组 20 万余名职工参与。

# 云南省总工会创新开展劳动和技能竞赛 助推滇中引水工程高质量建设

云南省总工会创新竞赛组织，首创“1+6+N”组织协调保障机制，“1”是省内首家建设工程工会联合会——滇中引水建设工程工会联合会，“6”是丽江、大理、楚雄、昆明、玉溪、红河段 6 个分会，“N”指全体参建单位，整体部署推进，层层严抓落实。在开展“七比一创”、“六比一创”年度劳动竞赛的基础上，开展“百日攻坚”、“百日冲刺”、“鏖战 100 天”、“决战 100 天”、“百日决战”、“百日大干”劳动竞赛，进一步激发了参建职工劳动热情，确保工程投资建设任务安全、优质、高效完成。

通过开展劳动和技能竞赛，培养选树各级优胜集体 297 个、优秀个人 803 名，其中全国劳动模范 1 名、全国五一劳动奖和工人先锋号 8 个、全国五一巾帼标兵 1 名，省劳动模范 2 名、省五一劳动奖和工人先锋号 71 个、省“三八红旗手”1 名，“云岭工匠”2 名，选树典型和模范培养工作成效显著。助力全面创新，聚焦工程“六项世界之最”和“十大世界级技术难题”，成功打造段朝杰、白芝勇等各类创新工作室 5 家，持续为科技攻关搭建平台。积极评选创新先进集体和标兵，激发参建职工创造热情。产生专利、工法等技术成果 357 项，为高效推进工程建设作出了贡献。

# 新疆维吾尔自治区交通运输工会积极发挥“丝路交通杯”劳动竞赛助推器和聚力器作用助力丝绸之路经济带核心区建设

新疆维吾尔自治区交通运输工会构建形成以主题劳动竞赛夯实“塔底”，以职工职业技能竞赛支撑“塔中”，以全国引领性竞赛点亮“塔尖”的“丝路交通杯”“金字塔”竞赛格局，在交通运输高质量发展中发挥了重要助推作用。

一是凸显顶层设计、高位推动，将劳动竞赛冠名“丝路交通杯”并成功注册。

二是凸显上下联动、协同推进，建立全国引领性竞赛“十比三创一延伸”、主题劳动竞赛“13+X”赛项、职业技能竞赛围绕主业定期举办模式，对全国引领性竞赛重点管理、单列评优名额。重点参赛项目从 2022 年的 8 个扩增到 19 个，从“工会唱独角戏”变为“工会搭台、各职能部门当教练、一线职工当主角”，为竞赛长效开展提供坚强组织保证。

三是凸显竞赛生产型、技能型和智能型竞赛高度融合。2023 年吸引 1300 余个单位（企业）举办竞赛 2290 余场次，10.78 万余名职工、6.13 万余名农民工踊跃参赛，助力建设任务超额完成。成功举办口岸通关服务竞赛，推动全国引领性“一延伸”竞赛在“一带一路”核心区交通枢纽中心建设中发挥辐射带动示范引领作用。

四是建立“岗位练兵、技术比武、表彰激励”三位一体正面激励机制，打通优先评聘技术职称、评先树优、培训疗养通道。

# 河北省总工会在河北卫视推出《“冀”高一筹》节目打造职工职业技能创新平台

河北省总工会把传统的职工职业技能大赛搬上电视荧屏，打造全面展示职工职业技能风采，激励职工不断提升职业技能素质的新平台。在大赛策划执行上，紧扣“创新”这一关键点，积极探索“工会 + 部门”模式，依托省文旅厅、卫健委等部门的资源和队伍，联合省广播电视台专业的节目制作和媒体宣发，在参赛队伍的组织、赛程环节的衔接、电视节目的呈现等方面形成“一盘棋”。在赛制安排上，大赛汇集全省各行业最顶尖的力量，首次以“多赛道”形式展开竞赛。率先开展的讲解员大赛设立文博、红色、5A 级景区和 4A 级景区讲解员四个赛道进行。在呈现方式上，由原来传统线下比赛的方式，变为融媒体节目的呈现方式，用最真实最精彩的镜头对准最具代表性的行业技能和最优秀的选手，多角度展示产业工人专业素养和职业风采。

该节目由河北卫视全媒体矩阵联动播出，一年共播出 52 期，自 9 月 22 日起，已正式播出 18 场比赛，观看直播人数突破 1.1 亿人次，微博相关话题阅读量突破 1 亿人次，国家广电总局在其核心刊物《广电时评》发文并点赞。

# 安徽省总工会以劳动竞赛助推特高压工程安全优质建设 服务长三角一体化高质量发展

为保障西部大开发战略中的“西电东送”重点工程，推动特高压工程安全优质建设，服务长三角一体化高质量发展，安徽省总工会联合有关单位在白鹤滩—江苏、白鹤滩—浙江 ±800 千伏特高压直流输电线路工程（安徽段）的工程建设中，全过程、全方位、全专业开展以“五比一创”为主要内容的劳动和技能竞赛活动，形成“比、学、赶、帮、超”良好施工氛围，其中白鹤滩—江苏 ±800 千伏特高压直流输电线路工程（安徽段）建设竞赛被纳入“全国引领性劳动和技能竞赛项目”。

竞赛先后统筹组织 90 余家单位、3.9 万人次职工参与，充分激发广大工程建设者的劳动热情和创造活力，有效推动工程建设任务如期完成。累计选树特高压专业能手 52 人，18 人取得各级别专家人才、兼职培训师资格，386 名职工实现了职业技能等级、专业技术资格晋升，累计培训农民工 4222 人次，全员电力安全知识培训考试合格率 100%。

通过劳动竞赛助推特高压工程安全优质建设，进一步推动长三角地区能源电力从高碳向低碳、从化石能源为主向清洁能源为主转变，服务长三角一体化高质量发展。

# 中国长江三峡集团工会以劳动和技能竞赛助力长江大保护

2023 年 8 月，全国总工会劳动和经济工作部、中国能源化学地质工会印发《关于广泛开展长江大保护项目建设劳动和技能竞赛的指导意见》，将长江大保护竞赛项目纳入“十四五”全国引领性劳动和技能竞赛项目库。三峡集团工会研究制定《长江大保护劳动竞赛实施办法》，精心设计方案，做好顶层设计，构建“统一领导、统一方案、统一表彰，分区域实施、分层次开展、分类别竞赛、分年度评比”的“三统四分”竞赛模式。2020 年 5 月组织召开竞赛启动会，在各区域、各参建单位、各项目点层层推进，坚持“一赛一策”，推进“长赛不断线、短赛攻关键”，让劳动竞赛在项目建设中发挥助推器作用。

该竞赛涉及 11 个省市，100 个工程项目，参赛企业 500 余家，参赛职工 10 万余人次。同时，积极推动全员创新、全面创新，申请多项国际、国内专利，自主研制的装配式横列板和内支撑管道机器人在芜湖、六安等 10 余个城市广泛应用。

# 中建七局总承包公司工会打造“久赢”劳动竞赛品牌助推中原经济区重大基础设施项目建设

中建七局总承包公司工会打破企业界限，以“十四五”全国引领性劳动竞赛入库项目——中原经济区重大基础设施项目竞赛为整体板块，全域化全时段组织实施并全面打造“久赢”劳动竞赛品牌。以“竞建筑久、匠心共赢”为主题，将原计划产值上浮 10% 作为竞赛目标，考核节点细化为季、月、旬，将计划、执行、检查、处理 4 种动作融入全过程，强调考核的精准性。

竞赛过程实施“六大机制”：多项目间“流动红旗”机制、单项目内“优秀班组”机制、“分段考核”机制、“精准奖励”机制、“同奖同罚”机制、“循环推进”机制等系列机制。坚持“三个结合”，充分与日常工作、经营实际、职工素养提升相结合。做到“四个贯通”，组织管理上下贯通、业务系统横向贯通、基础管理内外贯通、阶段推进循环贯通。通过开展竞赛，高质量实现中原经济区重大基础设施项目建设阶段性目标，劳动生产率提高 11.3%，年度助推产值超过 20 亿元。

# 江苏常州市总工会构建三级技能大赛体系<br>铺就职工成长“高速通道”

常州市总工会构建以市级竞赛为主体、辖市（区）竞赛为支撑、企业比武创新竞赛为基础的三级竞赛体系，建立健全培训、练兵、比武、晋级、激励相贯通的技能人才培养长效机制，为加快培养选拔常州产业发展急需的各类高技能人才铺就了一条“高速通道”。

围绕常州推进“532”发展战略、建设两湖创新区、打造新能源之都实施的重大工程、重大项目、重点产业，深入开展职工职业技能竞赛和市重点工程创优立功竞赛等，每年参赛职工超过 10 万人。围绕十大先进制造业产业集群和八大高成长性产业链，制定下发《常州市总工会关于广泛深入持久开展“五小”活动的实施意见》，每年开展市职工“三个十大”和“五小”活动认定工作，深化劳模（工匠）创新工作室创建工作，充分发挥劳模（工匠）创新工作室集智创新、协同攻关作用，工作室累计取得发明专利 711 项、实用新型专利 1589 项，完成技术攻关 1643 项、创新成果转化 1759 项，产生经济效益 98.14 亿元。成立常州“工匠学院”，为培养和造就一支知识型、技能型、创新型的高素质产业工人队伍搭建平台、提供舞台。

# 四、发挥劳模工匠作用

# 重庆市总工会推动劳模参政议政纳入制度性安排

重庆市总工会注重充分发挥劳模示范引领作用，推动将劳模参政议政纳入制度性安排，即从 2024 年起，重庆市政协会议每年邀请不少于 5 名劳模代表全程列席会议。

一是领导重视、高位推动。重庆市总工会主要负责同志亲自安排部署劳模列席市级重要会议有关工作，积极争取市委分管领导支持，并及时向市人大常委会、市政协主要领导汇报，市政协主要领导亲自安排市政协有关部门具体负责、积极落实。

二是精选人选、发好声音。围绕国家重大战略和重庆发展重点产业、重点领域，精心遴选 5 名来自大数据、新能源汽车、教育、农业、金融等领域的劳模列席市政协会议。会前进行专题培训，会议期间劳模代表共发言 12 次，提出“深入推行学校与企业共育人才”等建议 7 条。

三是强化宣传、营造氛围。邀请国家、重庆市主流媒体全程报道劳模代表列席会议有关情况，《工人日报》、《重庆日报》、华龙网、上游新闻等新闻媒体聚焦劳模代表报到、列席会议、讨论发言等共计推出新闻稿件 11 篇。

# 上海市总工会市区联动、组团服务、直入一线<br>让劳模工匠资源和企业发展需求匹配更精准更及时

在试点“劳模工匠助企行”专项行动时，针对上海新通联包装股份有限公司提出的技术难题的情况，上海市总工会及时将该需求纳入市级资源库匹配，并于 2023 年 12 月 13 日，联动宝山区总工会，协调组织市级“劳模工匠助企行”服务队的 4 名“上海工匠”（张治宇、蒋晓东、顾惠明、孙磊）深入企业生产一线组团服务，通过现场技术指导、提出合理化建议等方式回应“提高木材成材率和使用率”、“产品定制化导致品种多单件少，如何实现设备自动化”等技术需求，服务成效得到了企业和一线技术职工的好评。经企业内部评估，如服务队给予的技术服务和改进工艺建议，特别是打造持续动态的智能生产工厂建议方案落地后，可提升生产效率 30% 以上，减少高强度一线操作人员 10 人以上。

上海市总工会通过市区两级劳模工匠资源库整合、服务队联动，形成了“劳模工匠助企行”专项行动“区级‘自转’匹配回应 + 市级‘公转’兜底回应”需求机制，为区总工会在更大范围调动劳模工匠资源服务企业，提供了支撑、搭建了平台，有力促进了工会工作区域影响力的提升。

# 河北省总工会激励劳模岗位立功展现新作为

近年来，河北省总工会创新思维、创新载体，搭建新平台、拓展新领域，在劳模服务上用真情，在引领劳模发挥示范作用上下真功。自 2014 年以来，积极倡导身体、工作、家庭条件允许的劳模注册成为志愿者，建立起近 300 支劳模志愿服务队。又将每年 5 月的第二个星期定为“劳动模范志愿服务活动周”，积极开展学雷锋、帮困、助残、义诊等志愿服务活动。各地工会还注重发挥劳模群体高技能人才集中的优势，把志愿服务向促进创新、脱贫攻坚等方面扩展。石家庄市 62 名有技术特长的一线工人劳模组成一支涉及通信、电力等多个行业的创新咨询志愿服务队，积极为企事业单位提供无偿技术服务；省直工会组织劳模志愿服务队深入张家口扶贫点，开展助力脱贫攻坚志愿服务活动。

为让劳模精神发挥更大辐射带动作用，河北省工会还积极开展了“劳模帮劳模、爱心手拉手”爱心公益行动，大力宣传劳模先进事迹，通过创办河北劳模网和微信公众号，开展“为善行劳模点赞”活动，几年来，点赞人次累计超过 3000 万人次。在全省“善行河北”主题道德实践活动中，“劳模志愿服务活动”已成为一面鲜艳的旗帜，被中央文明委评为“全国最佳志愿服务项目”。

# 国网常州市金坛区供电公司组建服务队<br>问“需”于企 送“技”上门

“劳模工匠助企行”专项行动开展以来，国网常州市金坛区供电公司积极响应，组建金坛区劳模工匠助企行服务队袁俊球服务小组，在原有助企创新成果的基础上持续发力，问“需”于企，送“技”上门。

一是对症下药，解锁提质升级“新密码”。袁俊球劳模带领服务小组主动走访企业，帮助解决技术难题。针对纺织、印染等行业蒸汽需求日趋增长，锅炉成本贵、能耗高等问题，探索出将电力转化成热能的有效路径，研发出电蒸汽蓄热锅炉，将电蒸汽成本从 600 元 / 吨下降至 200 元 / 吨以下。二是数智赋能，激发乡村振兴“活力源”。针对金坛地区有燃煤粮食烘干机效率低、污染重、成本高等问题，自主研发“热泵 + 热回收”技术，降低了使用功率。针对指前镇渔场存在的“渔电”矛盾、经济效益差等问题，建立以养殖为主、发电为辅的“光伏 + 轨道式”自动投喂系统，将运行成本下降 30%~50%，渔业养殖产量提升 30%。三是多能互补，按下节能减排“快进键”。针对金坛中德创新产业园天然气锅炉供热噪声大、效果差、废气多等问题，开发“高效电热耦合新技术”，减少碳排放 25.4%，节省 20%~30% 的用能支出。

# 中航沈阳黎明发动机装配厂工会发挥劳模创新工作室引领作用 为建设航空强国积极贡献力量

中国航发沈阳黎明航空发动机公司发动机装配厂工会以“全国示范性劳模创新工作室”——“李志强劳模创新工作室”为平台，积极发挥劳模、工匠示范带动作用，激励员工立足岗位解决航空装备产品科研生产关键、瓶颈问题，助推企业高质量发展。

工作室围绕科研生产实际，针对影响装配效率、装配质量、装配周期、生产成本等方面的问题，发挥综合型、现代化的工作室硬件载体及运行流程、管理制度等软件支撑作用，会同发动机装配技术研究、型号研制等技术、技能骨干人才，开展装配技术领域技术攻关和技能传授，实现技术引领、创新赋能。

通过“难题会诊、创新创效、培训道场、师徒结对”等工作，创建了“接力操作法”大幅缩短装配周期，相继攻克了多个重点型号航空发动机装配关键技术，自行研制工装工具 300 余件，拉动开展技术创新项目 30 余项，申报发明专利 30 余项，先后解决科研装配技术难题 50 余项。

# 浙江义乌市总工会深化劳模工匠助企行<br>帮助企业解决困难

根据劳模工匠助企行试点工作安排，浙江义乌市总工会成立了一支由 17 名劳模工匠组成的技术服务队，为企业提供技术创新攻关、技术帮扶、技术培训等服务。

在了解到义乌某服饰公司迫切需要解决的棘手问题："公司客户反馈内衣经两三个月的穿着水洗后，水洗唛会出现翘皮、开裂、脱色现象，导致水洗唛标识无法完整呈现，客户后期体验感较差，极大地影响了产品的品质"后，技术服务队队员、浙江杰出工匠陈家淼及其团队主动对接公司，多次深入车间实地勘查"诊断"，与技术部负责人商讨工艺改进事宜，大胆提议采用移印无痕印刷方案代替烫唛工艺，经人体穿着测试，移印无痕工艺比烫唛工艺更舒适平整，质感更好。

陈家淼及其团队零距离、面对面地把平时移印工艺上常遇到的难题，以基础知识讲解、现场操作指导的方式，手把手地传授解决经验。通过多次上门技术帮扶，该公司技术工人的印刷技术得到了全面提升，效率提高了两到三倍。经厂家验证，单件印刷成本比之前的烫唛工艺可节省 0.055 元，每年可创造可观的经济效益。目前，这一移印无痕内衣水洗唛印标工艺已在义乌各大针织企业广泛推广应用。

# 江苏宿迁市总工会发挥劳模“三动三带”作用促进企业转型升级

近年来，宿迁市总工会积极组织发动劳模投身“三动三带”行动，引领团结广大职工在转型升级中建功立业。

一是开展岗位建功行动，带头发挥模范作用。积极利用劳模在各行业的优势，组建劳模创新工作室，将劳模取得的科研成果和丰硕业绩进行推广。涌现了洋河集团劳模团队、秀强股份董玉红等 70 余个成果显著的创新工作室。指导符合条件的“劳模、工匠、技师”创新工作室成立党支部，开展“双创双提升”行动，发动党员参与争创党员先锋岗活动。

二是开展科技创新行动，带动技术转型升级。以劳模为中心成立技术攻关小组，带领广大职工开展发明创造、革新改造、节能减排、降本增效等职工科技创新竞赛活动，让劳模作用从带动身边职工，发展为强化一个班子、带活一个企业、影响一个城市。近年来，涌现了京东集团汪世龙、中科君达物联网公司刘健等一大批优秀劳模团队，共解决生产技术难题 2 万多个，取得技术成果 4800 项，获专利 780 项。

三是开展技能登高行动，带领职工提升素质。发挥劳模传帮带作用，培养后备技术力量，推动职工参与岗位大练兵、技能大竞赛。近年来，共有 150 余万人次参加了各类岗位练兵和技术比武，竞赛工种 120 余个，培养 2000 余名高技能人才。

# 五、产业工人队伍建设改革

# 吉林省总工会高质量建设“六新产业”工匠学院

吉林省总工会聚焦服务吉林现代化产业体系布局，先后成立吉林省新能源、新旅游、新农业、新电商、新材料、新装备工匠学院，加快构建全周期职业技能提升培训体系。

坚持高位统筹。推动将工匠学院建设纳入省委人才培训主渠道，纳入政府与同级工会联席会议制度安排，构建党委重视、政府支持、工会运作、合力推进“六新产业”工匠学院建设新格局。

坚持合作共建。充分整合政府部门政策资源、高校职业院校产教融合优势、龙头企业实训基地资源、行业协会信息平台功能，打造“省总工会 + 政府部门 + 职业院校 + 龙头企业 + 行业协会”的“五位一体”办学模式。

坚持集约集成。全面推进新技能培训、新工匠培育、新动能孵化，努力把工匠学院打造成职工思想引领平台、技能人才培育实训平台、劳动和技能竞赛平台、技能人才评价平台、创新创造赋能平台、数智共享平台等赋能增智的“六大平台”。

坚持协同联动。横向上由六个省产业工会主导，深化产教融合，打造研学交流与实操演练相融合的培训交互平台，重点培养“高精尖缺”高技能人才。纵向上不断拓展延伸，成立 14 个市州级工匠学院、34 个县区级工匠学院。

# 大庆油田工会实施产改布局优化专项行动

大庆油田工会抓住“点”、“线”、“云”，实施产改布局优化专项行动。

打支“点”抓基层，扎实构筑产改堡垒。加强联盟 + 工作室建设，建成公司级以上劳模工匠创新工作室 96 个，形成“1+N”联盟 18 个。加强院校 + 鉴定站建设，建立培训基地 20 个，完善 183 个工种、547 个技能等级的职业技能标准体系。加强中心 + 服务站建设，设立产业工人维权机构大庆油田职工服务中心，辖千余家一线职工服务站（点），构建“7+3”服务模式。

布三“线”抓体系，梯次培养技能人才。理顺制度“线”，出台《高技能人才管理办法》等贯通产业工人成长全过程配套制度。畅通培养“线”，健全“聘任、考核、续聘、淘汰”人才成长动态体系，落实“新八级工”制度，搭建多元竞技平台。完善激励“线”，施行 1500 元~10000 元不等的 6 级月度技能津贴、5 级业绩奖金，落实物业费、采暖费等 6 项待遇。

上“云”端抓平台，持续释放发展动能。以短视频形式创新开展岗位“云讲述”，吸引 55 万人次参与。开通 24 小时心理咨询通道，研发“慰问品选购系统”。召开庆祝累计生产原油 25 亿吨“高擎标杆当旗帜、一稳三增两提升”主题劳动竞赛誓师大会。近年来，大庆油田原油实现 3000 万吨连续 8 年硬稳产，天然气实现连续 12 年上产 55 亿立方。

# 湖南省双峰县实施“一户一产业工人”培养工程

湖南省双峰县以“一户一产业工人”培养工程为抓手，把技能培训、创业就业与乡村振兴、产业发展相结合，免费开展农机、电商等技能培训，服务全县 3 万多名产业工人，有效助推县域经济高质量发展。

高标准组织推进。成立由县委副书记任组长，工会、教育、人社、商务等部门负责人为成员的领导小组，推行“一联会”、“三免一补”、“七统一”的落实机制。定期召开领导小组成员单位联席会议；免学费、生活费、住宿费，给予误工补贴；统一组织协调、统一培训基地、统一培训计划、统一劳务信息、统一跟踪服务、统一资金管理、统一考核考评。

高水平开展技能培训。实施“引智工程”，推动 35 家企业与中国农机研究院等 19 家大学和科研院所开展产学研深度合作。组织家政服务等“小班制”短期培训、待业大中专毕业生培训、电子商务培训班 86 期，累计培训 4000 多人。为农友集团等 20 多家企业开设农机修理等“订单班”15 期，培训 5000 余人。

高质量开展建会入会。推动建立农机、货运等企业工会、行业工会 86 家，吸纳会员 11000 余人。建好县总工会职工帮扶中心，实行困难帮扶、就业培训、劳动争议调解、用工信息发布等项目一条龙服务。建设各类“职工之家”42 家。

# 国网湖北电科院深化“3+1”人才体系建设

国网湖北省电力有限公司电力科学研究院（以下简称电科院）深入开展“争当产改示范”专项行动，深化“3+1”人才体系建设，畅通产业工人成长发展的“多通道”，队伍活力有效激发，发展动力持续释放。

构建并行互通的“3+1”人才体系。“3”即“三通道”，打造面向领导干部的职务通道，面向管理、技术类人员的一至七级职员通道，面向技能、服务类职员的一至七级工匠通道。“1”即领军人才，职务、职员、职工工匠通道的人才均可获得领军人才称号和待遇。

构建“两类三级”创新型人才体系。每年分科学技术、经营管理两类，按优秀、高级、杰出三级选拔创新型人才，明确杰出、优秀创新人才待遇分别相当于副总师、处级干部待遇。

打通技术技能成才通道。面向技术技能人才，采用“两评两力”积分遴选制选拔，注重专业专注、扎根一线、创新创造，从综合评价、专业评价、特殊经历、社会影响力 4 个维度进行细化评分，从重点项目攻坚、技能等级提升等 13 个维度开展量化评价。选聘各类职员（工匠）36 人，正高级职称 40 人、提升 182%，其中，国家级专家 4 人、省部级专家 6 人、国家电网公司级专家 32 人。

# 浙江台州市总工会“以技提薪”助力“共富先行”

浙江省台州市总工会把“以技提薪”作为推进产业工人队伍建设改革的重要切入点，统筹建设产业工人成长链、分配链，完善技能要素参与薪酬分配机制。2022 年全市技术工人平均薪酬同比增长 9%，2023 年新增技能人才 9.3 万人、高技能人才 3.92 万人。

系统化谋划建设共富路。实施技能培育、技能就业、技能竞赛、技能创富、技能协商等 5 大技能提升行动。选取 100 家试点企业，探索形成技能等级提升、技术入股分红、技术贡献奖励、技能竞赛奖励、股权投资激励、职务岗位晋升等六大“以技提薪”标准化操作法。

标准化落实畅通成长链。印发《台州市职技融通改革实施方案》，构建产教训融合、政企社协同、育选用贯通的职工技能培训体系，每年培养 1 万名学历技能“双证”人才。出台《台州市技术工人职业发展通道设置指引》，技术工人最高可任首席技师，薪酬与企业副总持平，部分企业技术工人薪酬整体高于管理人员。

规范化协商优化分配链。出台《行业性能级工资集体协商规范》，推动签订集体协议 5500 份、区域性协议 89 份、行业集体协议 35 份，覆盖企业 6100 家、职工 60 多万人。出台《台州市上市公司技术工人股权激励改革方案》，目前 73 家上市公司普遍实施了股权激励。

# 六、“四技”、“五小”、“两比”

# 上海市总工会聚焦“效益提升、价值创造”广泛开展职工“五小”创新活动

上海市总工会联合市科委、市经信委等委办，在各级工会中开展以职工合理化建议和先进操作法为重点的“五小”创新活动。优化形成“征集、命名、奖励、展示、转化”的职工“五小”创新活动闭环，推动群众性岗位创新活动持续蓬勃开展。面向现代化产业体系，以“两个效益”、“两个领先”为标准评定成果奖、创新奖，上海市总工会给予一次性奖励。树立创新项目典型，通过大国工匠创新交流大会、上海职工科技节等展示推广。联合市知识产权局等部门，搭建职工创新成果转化交易平台，探索线上线下相结合的职工创新成果市场交易模式，推动创新成果对接转化。

命名“五小”创新成果涵盖 20 多个领域，“专精特新”非公企业项目占 24.58%，涉及三大先导产业约占 4 成。“高效能”撬动效益。2023 年，组织 45 万名职工参与，形成各级成果 85000 多项，产生经济效益 52.9 亿元。“全链条”转化成果。有效融通“岗位创新—成果转化—产业发展”全链条，举办两次市职工创新成果转化交易拍卖。

通过探索新时代“五小”活动工作体系，形成人人可参与的岗位创新工作机制，提高活动常态化管理水平。探索“五小”创新活动数智化建设，紧盯项目在研发、生产、使用等环节进展，加强生态圈建设，推动成果技术优势转化为市场优势。

# 陕西省总工会以职工科技节激发职工创新创造活力

陕西省职工科技节 2010 年由省政府与省总工会第 21 次联席会议批准设立，由陕西省总工会联合省科技厅、省人社厅和省国资委共同举办，以“五小”竞赛活动为载体，激励职工创新创造，每两年举办一届，至 2023 年已举办了七届。职工科技节内容由活动项目、创新项目评审、成果展览、开闭幕式等构成，活动覆盖全省。

2023 年，以“增强技能勇创新 · 砥砺奋进新征程”为主题，组织开展陕西省第七届职工科技节。1300 多个创新项目和上万名优秀职工参与省级活动，产生职工优秀创新成果 300 项、先进操作（工作）法 100 项、职工优秀创意作品 30 个、陕西省工人发明家 20 名、陕西省带徒名师 30 名，命名 20 个省级示范性创新工作室和 4 个省级创新工作室联盟。陕西省以职工科技节为载体，每年带动数十万名职工参与技术创新活动，涌现出一大批职工创新人才。在省总工会的示范引领下，各基层工会同步开展具有区域、行业和单位特点的联动项目。各企业工会围绕生产经营中心工作开展各具特色的创新活动，“全员双创”活动、创客平台、创客工厂、“智创工会”平台、“金点子”征集活动等在各个企业落地开花，“五小”等群众性创新活动蓬勃开展，营造出“人人皆可创新，事事皆可创新”的浓厚氛围。

# 山西航天清华装备有限责任公司工会<br>搭建职工创新平台 促进企业创新驱动发展

山西航天清华装备有限责任公司工会坚持围绕中心、服务大局，广泛搭建以“当好清华主人翁，建功高质量发展”为主题的职工“五小”竞赛专项技术攻关创新平台。成立“五小”竞赛活动领导组，制定《“五小”竞赛专项技术攻关活动实施方案》，每年针对技术瓶颈和管理难题确定攻关项目，举行签约仪式。通过平台建设、课题确立、团队打造、专家评审、成果固化和推广对创新项目进行全过程管理。

每年确立60余项“五小”竞赛专项技术攻关课题进行攻关。近年来，有80余项“五小”竞赛优秀成果分别受到中华全国总工会、山西省总工会、山西省国防科技工业工会表彰，136项成果获国家专利，创造经济价值8000万余元，充分激发和调动了职工的创新动力和创造活力，形成开拓进取、努力攻关、积极创新的浓厚氛围。

# 湖北宜昌市总工会深化“五小”创新突破激发职工创效活力

聚焦主导产业，突出“六个赛道”。每年开展职工“五小”活动征集工作，评审出 50 个“优秀创新成果”。聚焦经济主战场，瞄定宜昌 3+2 主导产业，突出现代化工新材料、生命健康、新能源及高端装备、算力与数字经济、文化旅游及智能建造“六个赛道”，全市各级工会深入企业班组宣传发动。

路演答辩展示，角逐激烈精彩。2023 年宜昌市职工“五小”优秀成果征集活动中，共收到 215 个参赛作品。通过线上初审、PPT 路演、专家提问及现场打分等环节，评选出 50 个“五小”优秀成果，并遴选出 10 个最佳“五小”优秀成果，进行一对一指导后，推荐参加省总工会职工“五小”优秀成果征集活动。

突出政策支持，助力成果出圈。把“五小”活动作为落实产改重要举措，统一安排部署，并纳入全市“六型”班组建设和职工（劳模、工匠）创新工作室创建重要内容。2023 年市总工会推荐的 5 个“五小”成果入选省总工会职工“五小”优秀成果；“芯片用超高纯电子级硫酸及高选择性硅蚀刻液技术开发与应用”项目荣获 2023 年全国职工“五小”优秀创新成果。

据不完全统计，每年全市职工提出小发明、小创造、小革新、小设计、小建议等均超过 10 万项，有效推动企业产品升级、技术革新、工艺改进和节能降耗。

# 长庆油田公司工会建立员工创新创效工作“七个一”运行机制

长庆油田公司工会建立员工创新创效工作“七个一”运行机制：“立、审、评、展、赛、讲、推”。一立：每年年初开展一次立项申报工作；一审：每年举办一次员工“五小”成果评审活动；一评：每年评选 20 项公司级科技进步奖；一展：每两年举办一次公司级创新展会；一赛：每年参加一次全国或者世界性的发明成果展；一讲：每季度开展一次创新大讲堂；一推：每年推广一批创新成果，推动了创新创效活动常态化开展。

长庆油田公司工会通过固化“七个一”体系化运行，保障了员工创新创效活动高效推进。累计引导员工发明、研制了 1055 项“小而管用、新而实在”的创新成果；连续举办 6 届员工“五小”成果展；15 次组团参加大国工匠论坛、甘肃创新发明展、陕西省科技节、全国（国际）创新博览会等大型展会，取得 443 项国家专利，获得 368 项省部级大奖。

## 唐山冀东水泥股份有限公司工会搭建“职工创新创效交流平台”

唐山冀东水泥工会以数字经济时代的新质生产力为牵引，以数字化、网络化、智能化的新技术为支撑，利用企业自身技术研发团队，成功搭建“职工创新创效交流平台”并运用实施，通过搭建“职工创新创效交流平台”，形成了具有广泛渗透性和融合性的生产力形态，持续推动公司节能环保、绿色低碳、新材料、数智化转型方面实现“多箭齐发”，助力公司“低碳化、智能化、融合化、服务化”高质量发展。

平台实现公司 20000 余名职工利用员工编号在 PC 端和移动端双向登录，即时发布技术创新成果和瓶颈难题，实现了创新时间地点双自由；各企业创新成果可供职工在线浏览、学习借鉴和评价，与专家和同事线上交流技术问题，为各企业攻克技术难题、改进工艺流程、提高生产效率提供了技术保障，实现了技术共享和创新效益最大化；平台年度共享创新成果 1000 余项，创效金额 3 亿余元；平台统计、展示的数据信息，为选拔和培养高技能人才、评选先进集体和个人提供了依据支撑。

# 特变电工京津冀智能科技有限公司工会<br>推行“精益小黄条” 以技提薪促共赢

为充分激发特变电工京津冀智能科技有限公司员工在提高产品质量、创新生产流程、降低生产成本、提高现场 5S 和可视化管理水平、创新工作环境等与生产经营相关活动中的主观能动性，助力精益改善体系建设，公司工会在现场张贴案例提报收集点，员工针对工作过程中存在的问题提出建议，以“小黄条”的形式存放至收集点。精益小组每 2 天进行收集，每周组织案例评比，通过项目评分表，从创新性、可实施性、协作性、实施效果、可推广性 5 个维度进行打分评比，分别给予入围奖励和参与奖励。针对可推广的创新成果，精益创新团队负责组织相关部门和人员进行学习与推广应用；将有指导性的创新成果固化为工作标准或制度，列入公司标准文件库。

“精益小黄条”已提报 446 条，采纳 376 条，落地实施 286 条，奖励员工 135 人，员工参与率达 80%，创造收益约 19 万元。

# 大庆油田工会“六动一体”抓实职工创新创效工作

大庆油田工会以“六动一体”模式抓实职工创新创效工作。一是部门联动。联合生产、安全、科技等部门，全流程参与创新成果申报管理、评定验收、推广应用等，确保优质创新成果落地转化、发挥效能。二是政策驱动。结合油田实际，制定《群众性创新创效工作管理办法》、《技术革新奖励办法》等制度办法，进一步规范管理流程，加大奖励力度，实现节点管理向闭环管理转变。三是工程拉动。聚焦重大工程、重点项目、重要领域生产难题，坚持问题导向，实行传帮带联合攻关、揭榜挂帅攻关、创新研学攻关等，第一时间解决实际问题，实现研以致用、研用结合。四是典型带动。发挥劳模工匠示范引领和劳模创新工作室阵地作用。五是平台推动。开辟群众性创新创效集成共享信息平台，开展技术革新成果、合理化建议、职工创新“五小”征集活动。六是宣传发动。采取传统媒体 + 新媒体模式，全方位宣传创新成果、经验做法等，并积极向上级工会推介优秀成果，进一步调动广大职工投身创新创效的积极性、主动性、创造性。

抓实职工创新创效工作，必须着力弘扬大庆精神、铁人精神，用红色血脉激励职工勇于突破创新；必须坚持服务中心大局，精准对接企业需求，锚定创新方向；必须强化宣传引导，注重成果转化，不断提升品牌辨识度和社会影响力。

# 徐工集团工会建立“12345”创新型职工培养体系

徐工集团建立“12345”（1 个目标、2 个指标、3 个原则、4 大举措、5 个方向）创新型职工培养体系，加快形成新质生产力，助推企业高质量发展。近年来，28 个项目入选大国工匠创新交流大会，24 个项目荣获江苏省“五小”创新成果，创新项目荣获中国职工技术协会职工技术创新成果特等奖和机械工业科学进步奖一等奖各 1 项。孟维劳模创新工作室《超大吨位起重机结构件装夹自动化与加工》项目获全国总工会职工创新补助资金 20 万元，孟维荣获 2022 年度“大国工匠年度人物”。

一是建章立制强激励，落实制度保障。制定《群众性创新创效活动管理办法》、《深化技能人才素质提升工程行动方案》等制度，设立职工创新专项奖励基金，完善职工创新激励体系。

二是示范引领强团队，树立先进典型。全集团共建立 9 个劳模创新工作室，组建徐工集团创新工作室联盟，高技能人才参与申报各级各类发明专利、科学技术进步奖 196 项。

三是广泛发动见效益，提升创新技能。每年组织评选“八小”活动明星 、“八小”优秀成果、职工十大科技创新成果、十大先进操作法。

四是平台保障助发展，推进共创共享。发挥工匠学院人才凝聚作用，建立线上“创新共享社区”，开展跨单位、跨专业劳模大讲堂等分享交流会。

# 宝钢集团新疆八一钢铁有限公司工会坚持依靠职工办企业方针 推动职工与企业共同发展

宝钢集团新疆八一钢铁有限公司工会坚持依靠职工办企业方针，推动职工与企业共同发展。一是党政高度重视，建立党委领导、行政负责工作机制，搭建岗位创新“一把手”工程。二是尊重和保护职工首创精神，激励职工创新热情；开展“创新故事众人讲，创新思路大家享”主题创新课堂，营造浓厚创新氛围。三是坚持问题导向和价值创造，建立全流程、全体系的创新管理运行机制，搭建“四位一体”全员岗位创新体系；搭建岗位创新全过程信息化平台，确保创新效率和效益；建立健全跨部门协同推进创新创效机制；建立创新成果推广应用机制；明确岗位创新在企业创新体系中的定位，促进职工立足岗位成长成才。

2023 年公司围绕成本削减、智慧制造等 15 个类别献计献策 41.2 万条，获得全国机械冶金建材职工创新成果 20 项、全国钢铁质量成果 6 项、中国职工创新成果奖 1 项，申报新疆维吾尔自治区职工创新成果 49950 项，申报数量居全疆第一。公司工会荣获“全国机械建材行业工会经济技术工作先进单位”。

# 七、新就业形态劳动者

# 北京市总工会深化“双沟通”破解建会入会难题

北京市总工会贯彻落实中国工会十八大精神，进一步深化完善以职工沟通会和企业沟通会为主要形式的“双沟通”工作机制，推动工会组建、发展会员，破解入会建会难题。

职工沟通会是指利用职工休息时间在职工密集区域“摆摊设点”，面对面宣传政策、推介服务，吸引零散就业人员、农民工、小微企业职工加入工会组织。职工沟通会分为三类，“市级沟通会”每半年举行一次，全市各街道乡镇总工会、园区楼宇工会在各自属地同步开展职工沟通会；区总工会设立“区级沟通日”，每月各区统一举办职工沟通会，明确主题，统一行动；各街乡总工会、园区工会、商务楼宇工会每周开展一次职工沟通会。企业沟通会则是工会干部主动上门，向企业负责人宣传工会在促进企业发展、维护职工合法权益方面的作用；充分了解企业需求，为企业量身定制“服务包”；搭建企业间互通有无、扩大交流的平台，争取企业支持建会。

自2018年开展“双沟通”以来，截至2023年11月30日，全市共召开37885场职工沟通会，职工咨询人数84.43万人，现场申请入会职工21.35万人，实际采集会员144.4万人；召开企业沟通会21700场，共涉及2.59万家企业，依托沟通会已建立工会组织企业1.61万家。

# 河北秦皇岛市总工会构建三级新业态工会组织网络

河北省秦皇岛市总工会着力“市新业态工会联合会—县（区）新业态工会联合会—乡镇（街道）、开发园区新业态联合工会”三级新业态联合工会组织网络，最大限度把新就业形态劳动者组织到工会中来。

截至目前，秦皇岛市和所有县（区）总工会均成立新业态工会联合会。新业态工会联合会或联合工会主席可提名本级工会副职或工会专职干部、社会化工会工作者担任，副主席、委员可提名辖区有新业态建会任务的直属单位、新业态企业从事工会工作人员和新就业形态劳动者及其他有关方面人员担任。社会化工会工作者兼任工会主席、副主席职务的，晋升为管理岗，并给予管理津贴。

新业态工会组织要做到“三有”：有作为，在建会入会、工会工作、推动行业发展上积极发挥作用；有爱心，在扫码入会、创业就业扶持、医疗互助等方面发力，将工会关爱送到新就业形态劳动者身边；有原则，在工会经费开支、工会活动组织等方面要合法合规，遵守相关规章制度，真正将工会建设成为职工信赖的“职工之家”。在市新业态工会联合会积极推动下，市注册会计师行业工会联合会、保安行业工会联合会相继成立，吸引了2.2万余名劳动者加入工会，律师、货车司机、网约车司机等行业即将建会。

# 上海普陀区总工会主动融入“骑手新家”建设满足新就业形态劳动者租住需求

上海市普陀区委组织部统筹区房管局、区体育局、区总工会、西部集团等政府资源、群团资源、国企资源，为骑手打造位于和欣公寓的“骑手新家”项目。区房管局负责提供房源，西部集团负责日常运营，区委组织部、区总工会等负责提供各类生活必需品。项目共 98 间住房、300 个床位，每个床位月租金在 550 元至 950 元之间，由外卖物流平台承租，根据跑单量、安全分、家庭困难程度等维度筛选出申请者，现场摇号分配房源。2023 年 11 月，首批 300 名外卖和快递骑手入住。2024 年，计划为新就业形态劳动者提供累计 1000 张床位。

普陀区总工会依托和欣公寓党群服务站打造了“普工英驿站”，提供工会的“一键入会”、“职工半日学校”等 10 余项服务职工项目，骑手只需动动手指就能体验。为骑手提供了 300 套床品三件套等生活必需品，完善配套设施。探索建立协同联动模式，提升基层社会治理水平。普陀区总工会探索建立了“工会服务小哥，小哥反哺社会”的自治共治机制。成立党建引领蓝骑士自治小组，发挥骑手党员的引领作用，开展“为老送餐”、“兼职网格员”等项目，与周边社区共同探索有机协同、治理联动新模式。

# 江苏泰州市总工会实施“助新成才”行动<br>拓宽新就业形态劳动者成长路

泰州市总工会积极探索“深化产教融合、校企合作、工学结合的继续教育模式”，联合泰州市委组织部、泰州开放大学创新实施“助新成才”行动，着力解决新就业形态劳动者职业发展通道窄、转型难等问题，提供全方位便利服务，帮助他们筑梦未来。

坚持市县联动、部门协同，解决新就业形态劳动者入学有顾虑、报名程序繁、学费负担重等问题。开展体验式调研，量身定制物流管理、电子商务等学习套餐。优化报名流程，推出材料“容缺办理”，让新就业形态劳动者报名“最多跑一次”。设立关爱助学资金予以补助，个人只需承担学费总额的 20%，并可申请 1000 元求学圆梦补贴。强化跟踪服务，开展导师帮带，实行“班委 + 支委”双重管理，让新就业形态劳动者“毕得了业”。创新培养模式，让新就业形态劳动者“转得了型”。为新就业形态劳动者学员提供多样化选择，满足学员个性化需求。探索学习和技能竞赛衔接通道。根据不同专业特点，组织学员参加职业技能大赛等。探索学习和岗位见习衔接通道。探索学习和职业就业衔接通道。提供“高起专”、“专升本”两种学历教育，由泰州开放大学统一组织考核，学员成绩合格后，发放国家承认的大专或本科毕业文凭。

# 陕西省总工会帮助近 30 万新就业形态劳动者找到“娘家”

近年来，陕西省总工会“借”党政之力、“聚”社会之源、“强”工会之能，近 30 万名新就业形态劳动者入会。省总工会联合省委组织部印发意见，发挥省市县三级新业态重点行业党委力量，将新就业形态劳动者建会入会纳入各级党建行动计划和考核体系，推动新业态企业（行业）党组织与工会组织“双覆盖、双加强、双提升”。联合相关部门，推进货运、快递、互联网企业等建会入会专项行动。

区分不同情况，采取了四种措施推动入会：一是抓重点，以点带面“发展一批”。线上利用非公党建信息平台摸排、线下与行业主管部门对接确认，实现了滴滴、饿了么、顺丰、京东等行业头部企业在陕公司全部建会。二是抓主线，行业工会“覆盖一批”。依托各级行业主管部门、行业协会，组建道路运输、网约车、快递等行业性工会联合会。三是抓扩面，属地管理“吸纳一批”。街镇工会兜底，村（社区）工会托底，社会化工会工作者包联，做实基层“小单元”。四是抓提升，携手为盟“激活一批”。分类构建服务外卖送餐员的“护骑”联盟、平台企业和地方工会的“企地”联盟、党组织和工会的红色商圈“党建”联盟。

# 甘肃兰州市总工会搭建三层网络工会组织架构 努力实现对外卖配送员全覆盖

兰州市总工会积极推进外卖配送员入会工作体制机制创新、组织设置创新、方式方法创新，通过建立企业单独建会、行业二次覆盖、区域兜底的“三层网络”体系，努力实现对外卖配送员全覆盖。截至 2023 年底，共吸纳 4953 名外卖配送员加入工会组织，实名制会员动态保持在 100%。

一是组织深入调研摸排。开展专项摸底行动，明确市外卖配送头部企业主要有“美团”、“饿了么”两家，骑手数量动态保持在 4900 人左右。二是明确建会入会方式。搭建三层网络工会组织架构，通过动员头部平台企业单独建会覆盖专送骑手，市级产业工会建立行业性工会联合会覆盖众包骑手，街道、社区建立区域性工会覆盖其他零散骑手的方式，实现对外卖配送员的全覆盖。三是聚焦重点领域。发挥平台头部企业示范引领作用，指导“美团”、“饿了么”分别牵头，动员合作商组建工会联合会，2511 名骑手加入工会。组建兰州智慧能源配送行业工会联合会，依托全市 170 个换电柜，吸纳 2240 名众包骑手成为工会会员。在街道社区，通过“兜底建”建立区域性工会联合会，允许骑手单体入会，吸纳 202 名外卖配送员加入工会。

# 八、维护职工权益

# 山东省总工会以“一样本两指引”为牵引推动集体协商工作提质增效

2021 年以来，山东省总工会创新运用现代企业薪酬激励的理念，研究制定工资（薪酬激励）集体协商“一样本两指引”并推广应用，推动集体协商工作提质增效，受到企业和职工好评。

“一样本”即《协商要点参考样本》，解决“协商什么”问题，共 20 章、300 多个协商点，既涵盖劳动时间、工资确定、工资支付等基本内容，又将津贴补贴、职工福利、休假事假、职工工作学习生活配套设施投入、劳动和技能竞赛奖励等事项纳入协商范围，丰富了协商内容。“两指引”一是《协商重点事项指引》，解决“依据什么协商”问题，包含 23 项协商事项的主要内容和法规政策依据、相关解释；二是《协商工作流程指引》，解决“如何规范协商和如何全面履行合同”问题，把协商流程提炼为筹备、协商、确认、履行 4 个阶段以及 12 个步骤、42 个操作要点，确保提高集体协商工作的规范化水平。

“一样本两指引”作为集体协商的实用性工具，基层人员拿来就可以用，一册在手，一目了然，填补了国内集体协商和集体合同制度的研究和实践空白，弥补了基层专业研究力量和协商能力的不足，有广泛的适用性和推广价值。

# 浙江永康市总工会开发“薪协商一件事”系统推进开展线上集体协商

永康市总工会以“和谐劳资、职工共富”为理念，以提升协商治理能力为导向，开发“薪协商一件事”应用系统并在“浙里办”平台上线，实现一部手机通办协商业务，一组数据掌握协商动态，被列为《浙江数智群团建设三年行动纲要》试点项目。

“薪协商一件事”系统向工会、职工、企业分别设置端口，实现协商代表选举、业务培训、协商内容选择、发起协商要约、应约、合同草案投票以及人社审核备案等流程一屏掌控、移动开展、灵活协商、全域可视，实现集体合同备案审核无感申报。系统打通人社、市场监管等 13 个部门数据，归集 2100 多家建会企业信息，打造“工资集体协商”实时监督预警平台，全面感知劳资纠纷苗头、企业失信等风险隐患，一键推送至相关单位处置。

系统打造“协商在线”场景，职工可扫“协商码”进入对应企业的协商平台进行在线协商，围观协商过程、对协商打分，提高了集体协商的开放度、活跃度。通过数字赋能，借助算法模型对企业协商需求进行画像，开展一企一策的精细化协商。系统上线运行后，协商企业劳动争议同比下降 15%，安全生产事故同比下降 23%；职工平均工资同比上涨 19%，企业平均营收同比上涨 12%。

# 湖北宜昌工会推动网约车企业开展集体协商下调平台抽成比例

宜昌大楚汽车服务有限公司主要是为滴滴出行、风韵出行等网约车平台提供司机培训服务，服务管理网约车司机 1200 名。

2023 年 11 月，在宜昌工会的指导和行业主管部门的支持下，大楚公司、风韵出行平台与企业工会、网约车司机代表开展集体协商，经四轮协商达成共识后签订集体合同。关于网约车司机最关心的平台抽成比例，集体合同约定风韵出行平台的抽成比例上限为 23%，较协商前下降 2 个百分点。另外，还围绕司机关注度高的生活福利、困难帮扶、“两站一场”停车难、平台抽成比例等议题进行协商并达成共识，营造了多方关心、共同关注网约车司机权益的良好氛围，达到了平台、服务商与职工的“三赢”，让司机切实感受到关爱和温暖。通过开展集体协商，工会组织的作用得到有效发挥，提升了网约车司机对工会组织的认可度，增强了工会组织的凝聚力。

# 河南濮阳市总工会积极推行家政行业工资集体协商

2023 年以来，河南濮阳市总工会创新探索家政行业能级工资集体协商，进一步扩大维权覆盖面、提高职工集体归属感。

一、强建会、优服务。自 2022 年，大力推进“濮工会”和“工会 E 卡”扫码入会，一大批月嫂、保洁员、养老服务员等劳动者竞相入会。持续开展送法律、送体检、送温暖等“九送”服务，推动在户外劳动者爱心驿站落户家政培训学校和家政企业。

二、抓重点、破难点。加强沟通，让企业定心，选派工资集体协商指导员深入企业，与家政公司面对面交流，讲清集体协商作用；注重协商，让职工放心，立足工资这个职工最关心、最直接的问题，确定了 23 个岗位的最低工资标准，建立了正常增资机制，最高岗位工资达 7800 元。

三、重创新、求深化。以工作实效打造协商品牌，集体合同设置创新创造奖励，设立家政、育婴、养老三个创新项目组，设立能级工资激励职工成长成才，将能级工资列入集体合同内容，制定定期晋升制度，拓展了人才培养路径。针对家政服务业女性居多现状，将女职工“两病”筛查、女职工保护纳入集体合同条款。

# 广西柳州钢铁集团有限公司工会构建能级工资体系助力企业提质增效

柳钢集团有限公司工会探索将职工薪酬与技能绩效挂钩，引领产业工人队伍素质提升，有效维护产业工人权益。

一、高位推动。集团党委制定《2023年深化产业工人队伍建设改革行动方案》，多次召开领导班子专项讨论会，研究能级工资集体协商的重点和难点，并提出具体措施。同时，成立由集团工会牵头，人力资源部、运营部、财务部、人才发展中心等部门参与的协商工作组，广泛开展宣传、深入调查研究。

二、精准切入。柳钢集团将能级工资集体协商与推进产业工人队伍建设改革、提升职工生活品质等工作结合起来，通过开展“走基层班组，访一线职工”调研，聚焦创新奖励、技能提升、竞赛奖励、荣誉奖励、学历津补贴等重点议题开展协商。

三、有效协商。柳钢集团工会充分发挥职代会联席会议作用，与集团行政方深入沟通，共同研究企业运营成本和职工利益之间的平衡点，使奖励政策在兼顾各方利益的前提下，更多向产业工人倾斜，既不大幅增加企业用工成本又最大限度激发职工创新创造、创先争优的动能。

四、激发内驱。通过集体合同对职工技能贡献进行制度性保障，更大地激发广大产业工人内驱力，通过技能提升、创新创效来增加薪资收入，同时有效助力企业提质增效，形成有效闭环，良性循环，实现双赢局面。

# 海南海口市总工会勇于担当 联动出击<br>坚决抓好治理拖欠农民工工资问题

一是市委直接领导，高位部署推进。海口市委主要负责同志明确指示“要发挥工会在根治欠薪工作中的桥梁纽带作用”。市总工会制定《关于开展 2023 年度根治欠薪冬季专项行动的工作方案及任务分解表》，召开动员部署会，建立周报制度。

二是积极主动作为，横向联动推进。海口市总工会牵头制定《海口市总工会 海口市人社局 海口市综合行政执法局关于根治欠薪工作协同机制》，建立“工会 +”劳动争议纠纷多元化解机制，开通根治欠薪“快车道”。

三是聚焦维权服务，积极参与处置。摸排情况，消除重大安全风险隐患；耐心接访，与农民工同心同力维权；服务暖心，引导农民工合理合法维权。

四是加强宣传引导，坚持预防在前。依托工会普法维权阵地，开展保障农民工工资支付政策和法律宣传；深入重点企业、重点项目、重点工地，狠抓工程建设领域“八项制度”落实。

截至目前，全市未发生重大群体性恶性讨薪事件，市总工会牵头或参与调处解决欠薪问题达 35 件，帮助近 550 名农民工追回工资等薪酬待遇约 3613 万元。

# 江苏江阴市总工会“三个一”护航农民工安“薪”过年

江阴市总工会创新“三个一”工作法实践根治欠薪冬季行动，受理职工诉求 316 件，调解欠薪纠纷 769 件次，联合市人社、司法、住建等部门为 13 名农民工追回 28 万元工资。

一是用好一条 12351 热线，倾听职工急难愁盼。通过 12351 热线，组织“工会 + 街办 + 律师”全天候倾听职工诉求，由 83 名职工法律援助律师为农民工免费“一对一”定制纠纷解决方案。根据热线反映情况，建立江阴市欠薪企业信息数据库，为 316 家欠薪企业配备劳动关系预警信息员，会同有关部门做好欠薪线索风险评估、跟踪处置等工作。

二是发出一封监督提示函，提醒企业规范用工。以监督提示函的形式，提醒企业规范劳动用工管理，及时足额支付劳动报酬。开展企业劳动用工全周期“法治体检”，让欠薪企业通过扫码申请“云监督体检”，安排“1+1+1”（1 企 1 志愿者 1 律师）专享法律服务，源头化解欠薪事件的发生。

三是成立一张联合调处网，构建和谐劳动关系。采用“1+3+N”模式，组建覆盖全市的欠薪纠纷联合调处网，通过“一站式”受理窗口、职工法律援助站点、企业劳动用工“法治体检”中心等，由 210 名工会特邀调解员对市根治欠薪小组移送的 2814 件欠薪纠纷开展调解，实现欠薪纠纷一站式受理、一条龙服务、一体化化解，构建欠薪纠纷“防治调裁审执”新格局。

# 河北承德市总工会探索推行“农村外出务工人员普法维权工作站”法治服务新模式

承德市总工会探索建立村级外出务工人员普法维权工作站，实现法治服务“从最基层做起”。工作站是由县级“会 + 队 + 室”职工普法工作领导小组总体谋划、协调，由乡镇党委、总工会领导，由村“两委”负责具体实施。站点建设标准要求“六有”：有平台、有队伍、有制度、有保障、有标准、有成效。村委书记（工会主席）任站长，村工会委员为成员，县级工会负责业务指导，对有需求人员无偿提供普法、维权服务。工作中，结合实际履行“普法宣传、指导签订劳动合同、组织外出务工人员加入工会组织、参与劳动争议调解、及时提供帮扶和法律援助”五方面基本职责。

承德市隆化县章吉营镇章吉营村被选为先期试点，隆化县总工会在市总工会职工普法“会 + 队 + 室”新机制框架下，利用站点“桥头堡”大力开展农村“法律赶集”普法和维权活动。目前全市已挂牌成立 33 家普法维权工作站，解决各类实际问题 53 件，为农民工讨回劳务费、工伤待遇等共计 101 万元。

农村是外出务工人员的输出源头，村集体对外出务工人员基本情况掌握更全面，具有便于精准开展普法宣讲和权益维护等优势，有利于将矛盾隐患消除化解在萌芽状态，有利于提升工会普法维权工作的整体实力，工作站的成立得到了农村外出务工人员的认可和“点赞”。

# 北京市总工会坚持未诉先办<br>数字化助力防范化解欠薪风险

北京市总工会利用人工智能等技术，搭建劳动关系风险监测预警平台，建立三早、三对接、三联动工作机制。

一、突出一个“早”，做好“第一知情人、第一报告人”。一是构建“1+3”数字化监测体系。实时收集涉欠薪的舆情指标，形成 1 个动态风险关键词库，以及常态化监测、周期性监测、敏感事件监测的 3 个监测维度。二是建立欠薪风险评估体系。以商业化采购方式获取企业经营状态等来对欠薪企业开展全面评估。三是定期梳理欠薪风险隐患。发布劳动关系风险监测专刊，及时向政府部门通报。

二、强化一个“快”，实现根治欠薪“六步法”闭环管理。构建“风险监测—分级预警—调查核实—联动处置—服务对接—优化提升”的全闭环工作流程。动态监测发现欠薪风险源头企业；实现数据共享，线上同步预警政府部门和属地工会；精简工作流程，缩短反馈时间至 3.47 天；实现与协调劳动关系三方间的互联互动，实现市、区、街乡三级工会的快速反应；做好劳动争议调解等服务；全天候收集基层反馈建议。

三、坚持一个“实”，用心用情解决职工欠薪难题。聚焦重点群体，开展农民工群体专项监测，全面梳理工程建设领域欠薪隐患，对预警派单企业进行“回头看”、“再排查”。对 443 家用人单位提供法治体检，覆盖劳动者 17 余万人。

# 山东省总工会实施“三三四”工作法推动根治欠薪工作

2023 年以来，山东省总工会充分发挥组织覆盖面广、联系职工紧密的优势，认真履行“第一知情人、第一报告人”职能，不断完善“工会 + 人社 + 法院 + 司法”多部门联动劳动争议多元化解机制，推动高效妥善化解欠薪问题。畅通 12351 工会服务职工热线、工会信访、线上线下法律服务平台三大职工诉求表达渠道，及时回应职工关切。深化工会法律援助、工会劳动法律监督、多元化解三大维权手段，健全欠薪问题化解机制，维护职工合法权益。建立欠薪线索台账、农民工维权事（案）件、网络舆情线索核查、根治欠薪典型案例四项制度，做好提前研判、跟踪处置等工作。

2023 年，全省工会免费为职工代理法律援助案件 2 万余件，深入 6040 家企业开展法治体检。根治欠薪冬季专项行动期间，帮助农民工解决欠薪问题涉及资金 5612.69 万元，6 个案例入选全国工会推动治理拖欠职工工资典型案例。

# 长城铝业公司自主研发安全智慧管家<br>打造一体化的安全体验式培训

长城铝业公司围绕员工使用实用性、便捷性和监管的高效性，自主研发具有行业特色的安全智慧管家，系统已于 2021 年 12 月取得国家《计算机软件著作权登记证书》。

系统由风险分级管控和隐患排查治理模块、安全教育培训模块、安全监管模块、个人信用积分模块等四个模块组成。最终对每名员工的安全行为进行自动积分，调动了基层班组参与安全管理工作的积极性，减轻了班组的工作负担，夯实了班组安全管理，实现了由原来的“要我安全”到现在的“我要安全”管理理念的转变，打通了安全管理的“最后一米”。

公司秉持“培训不到位是最大安全隐患”的理念，为提升培训针对性和培训效果，自 2018 年起，利用原有的废旧设施和闲置场地，建成了多功能安全一体化体验培训基地，改变了传统说教式培训方式，寓教于乐，增强实操性，实现了课堂与现场有效融合。

安全体验培训基地自 2018 年建设投入使用后，完成了各类人员培训 15764 人次，成为行业内外安全管理、技能培训的标杆，被河南省总工会干部学校授予“安全生产教学实践基地”。

# 天津市总工会着力推进职业病防治阵地建设

天津市总工会高度重视职工职业健康权益维护，结合市总工会直属天津市职工疗休养中心（天津市职工医院）的资源优势，做了有益尝试。

一是开展职业健康送教宣传服务。探索“企业点餐、工会配菜”的职业病防治知识宣传培训方式，根据用人单位需求和特点，定制提供职业病防治科普讲座、专业义诊以及职业病预防和康复的线上线下指导服务。二是积极推进尘肺病康复站点建设。职工疗休养中心在近年门诊和病区收治大量的职业性尘肺病患者，积累了丰富的尘肺病治疗康复经验，获批天津市首批尘肺病康复站。在尘肺病康复站点建设中，形成从职业健康查体、门诊规范管理、住院治疗康复、居家康复随访指导、社区康复和居家照护者培训的尘肺病患者全人全程健康管理模式，并执笔起草《天津市尘肺病康复站点建设方案》和《天津市尘肺病康复质量控制标准》，为全市尘肺病康复站点建设提供有效技术支撑。在全市乃至全国率先实行尘肺病住院患者临床路径管理，保证康复治疗同质化，成为工会参与职业病防治的有效阵地。

# 九、工会服务职工

# 安徽省总工会创新开展“工会送岗位 乐业在江淮”就业援助行动 促进劳动者在家门口就业

为帮助劳动者在家门口找到称心如意的工作，缓解企业“招工难”问题，安徽省总工会连续 3 年开展“工会送岗位 乐业在江淮”全省工会就业援助行动，推动其融入社会就业公共服务体系。一是坚持大事大抓特抓。安徽省总工会以“一年抓几件事”的狠劲和“几年抓一件事”的韧劲，连续 3 年把“工会送岗位 乐业在江淮”就业援助行动作为开年的第一件大事和贯穿全年的头号任务来抓，“一把手”既挂帅又出征，建立“领导 + 部门”包保机制，每位省总工会领导及机关部门联系包保 2 个市，确保活动取得实效。二是坚持品牌化战略。省、市、县三级工会联动，每年正月在同一时间举办统一招聘会，全省一盘棋一个调，构建“铺天盖地”大宣传格局，做到家喻户晓，擦亮叫响“工会送岗位 乐业在江淮”品牌，不断增强工会对职工的凝聚力和社会影响力。

全省工会共吸引企业 6.8 万家，提供岗位 206 万个，举办线上线下招聘会 9311 场次，扶持就业创业项目 204 个，开展技能培训 11.3 万人，促进劳动者稳定就业 22 万余人。经第三方评估，2022 年、2023 年职工满意度分别达到 91.4%、92.8%。

# 山东省总工会以培育打造工友创业园为抓手持续深化工会就业创业服务

2018 年以来，山东省总工会根据省委关于推进乡村振兴战略的部署要求，以培育“工友创业园”为抓手，以吸纳农民工就业、扶持农民工创业为目标，统筹全省各级工会力量打造工友创业园助力乡村振兴工作品牌。截至目前，全省共培育省、市两级工友创业园 2155 家，扶持创业 16.9 万人，直接吸纳就业 79.7 万人。

为抓实用好工友创业园载体平台，山东省总工会加强了以下四个方面的工作。一是加强培育选树。每年重点在农业产业化龙头企业、农业园区、特色小镇、农民合作社等农村新型经营主体中培育打造一批工友创业园，建强工友创业园平台，实现了工会创业服务城乡全覆盖。二是加强专业指导。聘请专家、劳模、成功创业者 1000 余人，建立了省、市、县三级工友创业导师队伍，提升了工会就业创业服务能力。三是加强创业扶持。广泛开展“城乡工会手拉手”活动，以政策、技术、人才、资金等服务措施助力工友创业园做大做强。四是完善长效机制。推动各市打造助力乡村振兴工作“市域一体”亮点品牌，指导 10 余个市成立了工友创业联盟、工创之家等职工创业互助组织，广泛开展创业论坛、创业大赛、工创大集和为创业者直播带货等创业活动，扶持就业创业工作机制逐步健全，工友创业品牌逐步树起来、强起来。

# 上海市总工会创新开展会聘上海——就业困难人员就业护航专项行动

会聘上海——就业困难人员就业护航专项行动，是上海市总工会为困难职工家庭提供的一对一、精准化，并给予技能培训补贴等待遇的就业服务，是全国总工会首批中央财政帮扶专项资金支持项目。行动完成培训、就业指导、稳岗等就业服务 304 人次，切实提升了就业困难人员就业能力，改善了家庭就业情况。

一、深入调研，划定范围。上海市总工会以全市就业情况调研为先导，广泛了解企业用工状况和招聘需求，明确对象范围为困难职工家庭等就业困难人员，并在全市范围内对 1000 余名就业困难职工家庭等进行了就业需求排摸。

二、精准施策，增强实效。为提高服务对象就业稳定性和就业质量，上海市总工会从“上岗稳岗”和“提升就业能力”两方面着手，将服务内容确定为职业技能培训、定向职介服务和稳岗补贴三类，并根据服务对象的个性化就业需求形成一户一策的解决方案。

三、联合发力，协同服务。上海市总工会积极协同市就业促进中心等职能部门，建立起常态化协作机制，在服务对象的信息采集、材料审核、岗位推荐、政策指导等方面实现信息共享，在就业指导、技能培训等方面共同为服务对象提供优质服务。

# 南瑞集团数字化智能化服务职工 让数据多跑路 让职工少跑腿

南瑞集团是国家电网直属科研单位，能源电力及工业控制领域 IT 企业，现有员工 1.5 万余人。南瑞集团坚持以职工为中心、坚持服务企业发展、坚持争取多方支持、坚持共建共用共享、坚持久久为功立长远，探索数字化智能化职工服务，通过问需职工，确保职工服务平台建设根基稳固；试点先行，确保职工服务平台建设落地见效；顶层设计，确保职工服务平台建设统筹推进；持续更新，确保职工服务平台建设常用常新；迭代升级，确保职工服务平台建设与时俱进等具体做法，打造数字化、智能化服务职工新型模式，实现让“数据多跑路，职工少跑腿”。

南瑞集团工会紧跟新技术发展趋势，立足企业发展实际，在广泛调研职工生产生活需要的基础上，开展数字化智能化服务平台的探索和实践，形成集学习服务、工作服务、生活服务、知识服务、技术服务等众多功能于一体的手机端“南瑞家园”，实现了生活服务一终端、诉求服务一平台、维权服务一张网、思想引领一条心、活动参与一线牵。

# 湖北鄂州市总工会在重大工程建设中温暖关爱职工

鄂州花湖机场是中国航空快递连接世界的门户，是内陆对外开放的空中“出海口”，是国家重要生产力布局，也是湖北省“一号工程”。鄂州市总工会坚持以职工为中心的工作导向，聚焦职工急难愁盼事，为职工提供多样化、精准性服务，提升职工幸福指数。

一是“暖心五送”进工地。鄂州市总工会开展送团圆年夜饭、送年货礼包、送防疫物资、送爱心流量、送温馨电影的“留鄂过年·暖心五送”活动，工会干部与一线员工同吃年夜饭、共贺新春。

二是“两包两返”解痛点。工会干部深入摸排统计职工放假时间、去向及返程日期、乘坐交通意向等，建立信息档案。联合机场、交通部门，开展春暖农民工“两包、两返”活动，春节前为花湖机场技术人员和农民工包机返乡；包车送农民工到火车站乘车返乡；春节后包车接农民工返岗。

三是“技能提升”心贴心。鄂州市总工会联合鄂州职业大学成立“鄂州市产业工人技能发展促进中心”，开展物流服务师、叉车等各类技能培训班 27 场次，培训职工 900 余人。实施工会全额资助农民工高升专、专升本学历提升计划，花湖机场各建设运营单位 120 余名职工实现学历提升，让他们在鄂州这片土地上产生更多归属感、幸福感。

# 云南省总工会开展边境州市一线民（辅）警健康关爱项目

云南是全国边境线最长的省份之一，维护边疆民族地区长期繁荣稳定、筑牢西南安全稳定屏障是云南的中心工作。云南省总工会深入贯彻落实习近平总书记考察云南重要讲话和指示批示精神，突出“暖边”主题，以中央财政帮扶资金项目制改革为契机，创新开展健康关爱项目。

项目设置聚焦职工需求。主动与公安部门协作，围绕民（辅）警工作强度大、压力大、亚健康状况突出等实际，聚焦解决边境地区医疗资源有限、交通不便、外地就医成本高等问题，在迪庆藏族自治州成功试点的基础上，进一步在 8 个边境州（市）组织开展。项目模式聚焦帮扶资源整合。充分发挥工会枢纽平台作用，引导带动社会资源参与工会帮扶项目。此项目中爱心企业捐赠了价值 254 万元的健康服务。项目内容聚焦即时响应。通过数字化赋能项目实施，依托互联网医院平台，为民（辅）警家庭提供 7×24 小时远程视频即时医疗服务，包括健康档案、治疗方案、用药指导、随访提醒等个性化网络服务。还提供专家线下义诊、省外就医协助、健康科普讲座、线上心理咨询等丰富多元的健康服务，为云南 8 个边境州（市）的 25483 户一线民（辅）警家庭提供为期一年的健康关爱服务。

# 江苏省总工会筹集亿元“大礼包”用心送温暖

2024 年元旦春节期间，江苏省总工会深入开展以“工会常伴·贴心送暖”为主题的全省工会送温暖“3+N”关爱行动，通过“送一份慰问金，一份温情年货礼包，帮助实现一个新年微心愿，开展送健康、送岗位、送法律、送普惠福利等 N 个贴心送”的形式，为广大职工提供具有工会元素和地方特点的服务，满足职工群众对美好生活的期待，共筹集送温暖资金 1.03 亿元，走访慰问各类群体 28 万人。将传统送温暖与会员普惠服务融合起来，为广大职工群众提供形式多样、内容丰富的慰问活动，开展线上线下各类普惠服务活动 984 场，投入资金 973.3 万元。

江苏省总工会聚焦重点人群，打造专项行动。投入 1313.8 万元，向新就业形态劳动者发放暖心礼包 4 万份；开展根治欠薪冬季专项行动，办理涉及欠薪类来电 157 件，职工满意度 100%；联合开展百名专家“进千企·惠万户”健康公益行专项活动，为广大职工的健康提供全方位的保障。同时创新工作方法，强化数字赋能，结合江苏工会服务网各服务功能模块，发放“贴心服务·暖心送”服务宣传手册 10 万份，推动实现贴心服务“指尖办”、“掌上办”，提供线上困难帮扶服务 5088 次、就业服务 3859 次、法律服务 2201 次、心理服务 815 次。

# 西藏自治区总工会打造<br>“暖警、护警、惠警、励警”四大工程

西藏自治区总工会不断完善工会关爱公安民警工作机制，用心用情用力打造“暖警、护警、惠警、励警”四大工程，持续增强公安民辅警的职业认同感、归属感和荣誉感。

一是突出组织关切。从 2022 年起，在春节藏历新年期间对公安、国安、司法、边防等因公牺牲 200 余名民辅警家庭慰问全覆盖。会同公安部门建立公安民辅警专项帮扶机制，常态化救助慰问因公牺牲、伤残和重大疾病、特困民警及家庭。

二是突出健康关怀。每年组织 200 名公安系统女民警开展两癌筛查，为 3396 名公安民辅警购买互助保险。针对狱警职业的特点，组织开展心理健康专题辅导。每年组织 30 名高海拔一线民警、边境民警开展疗休养活动。

三是突出生活关心。2024 年全区各级工会同步启动“温暖进万家”工会送温暖暨“中国人民警察节”慰问活动，走访慰问各级公安民辅警 1500 人、走访慰问基层警务站 300 家。

四是突出工作关注。组织 300 余名民辅警开展以“护航新征程、建功新时代”为主题的刑侦劳动技能竞赛，有效提升民警防护能力和实战素养。讲好西藏警察故事，在全社会营造“人民警察为人民、人民警察人民爱”的良好氛围。

# 四川省总工会坚持量质并举
# 推动工会驿站高质量发展

2023 年以来，四川省总工会认真落实全国总工会工会驿站工作部署要求，累计建成工会驿站 8180 个，新建 4659 个，与 2022 年相比增长 132%。

一是服务中心大局，精心部署推动。省委、省政府首次将驿站建设纳入年度全省 30 件民生实事，省级财政安排工会专项资金用于驿站建设。二是整合多方资源，全面推进建设。省总工会联合省发改委等九部门印发驿站建设工作方案，将“暖心之家”（司机之家）“党群服务中心”等纳入驿站共建范围，先后联合邮政、工行、中石油等建设驿站，实现资源整合。三是建立完善制度，形成工作闭环。出台四川工会驿站建设管理运维工作实施细则等规范性文件，每年至少开展一次已建驿站的全面自查清理工作，建立健全驿站工作定期分析研判和问题快速处理机制。四是优化服务功能，突出作用发挥。在驿站开展常态化、集中化、差异化服务，普遍开展送温暖、送安全、送普惠等工会“七送”服务活动，充分体现工会元素。五是加强宣传引导，提升品牌影响。开展 2023 年“最美驿站”网络投票评选活动，访问人数达 600 万 +；开展“川工妹儿走一线”驿站系列专题报道，户外劳动者对驿站的知晓率、满意度得到持续提升。

# 天津西青区总工会开设“流动驿站”让工会服务更有温度

天津市西青区总工会积极推进工会驿站建设，已建成工会驿站 159 个。2022 年，区总工会创新工会驿站建设方式，将 1 辆中巴车改造升级为服务车，创建了全市首个流动工会驿站，根据需要开进建筑工地等处，为建筑工人等各行业的户外劳动者提供服务。工作中，驿站不断扩充和丰富服务功能，在提供歇脚、饮水、充电、打气、热饭、日常外用药等服务基础上，陆续增设了电子书屋、无线局域网、电视机、AED 除颤仪等设备，扩展提供职工思想引领、法律咨询、心理解压等服务，逐渐成为“凉亭”、“补给站”、“暖心房”和“宣传车”。

流动驿站作为固定驿站的有效补充和延伸，既灵活机动又功能多元，形成固定驿站服务流动户外劳动者，流动驿站服务固定户外劳动者的双向奔赴。2023 年 11 月，区总工会改造完成并投入使用了第 2 个流动驿站，制定值日表，领导班子成员通过“今日我当班”落实“我和一线劳动者在一起”工作制度，带头跟车深入户外劳动者群体中开展蹲点服务。截至目前，累计出车 468 辆次，服务户外劳动者 1.8 万余人次，提供夏日冰饮、绿豆汤 5600 余杯，发放冬季暖贴 3000 余个，宣传工会服务政策 20 余项。

# 福建泉州市总工会打造工会“医 +”驿站实现健康服务全流程、多时段、便捷化

福建泉州市针对当地新就业形态劳动者“岗位在车轮上”疏于自身健康管理的问题，打造工会“医 +”驿站，实现健康服务“全流程、多时段、便捷化”。

一是推动驿站数字赋能，实现数字机器人“全流程检诊治”。在 17 个驿站投放智慧健康机器人，帮助 1420 余名户外劳动者自助体验“伸手检测”血压、血糖、血氧、血脂、尿酸、胆固醇等检查服务，并实现检测结果、健康提醒自动播报，不出驿站便可连线全国三甲医院医师进行视频问诊、图文问诊，实现线上预诊、复诊、重疾绿通一站式服务。二是整合医疗健康资源，实现医师志愿者“多时段轮值上岗”。打造“工会驿站 + 医院 + 新就业形态群体”健康服务圈，鼓励支持基层工会与社区卫生机构联建驿站，拓展升级驿站功能，打造集自助健康监测、专业健康服务、健康知识宣教等功能于一体的“健康驿站”，组织医师志愿者进驿站轮流坐诊，免费提供医疗咨询、健康评估、健康指导、健康管理、健康知识普及和按摩推拿、理疗等健康服务。同时，职工健康数据实现“云存储、云上传、云互通”，为后续诊疗服务提供数据支撑。

# 十、基层工会建设

# 上海市浦东新区高东镇总工会
# 推动“挖泥小哥”扫码入会

2023 年，依托上海市总工会扫码入会工作，上海长升工程管理有限公司（疏浚船管理公司）的 113 名“挖泥小哥”全部加入工会组织。

一、加强顶层设计。上海市总工会印发《关于加强国有企业劳务派遣工、外包工等各类用工人员入会和服务工作的指导意见》，以实现在沪央企、本市各级国有企业劳动者建会入会和服务全覆盖为目标，将劳务派遣工入会工作纳入各级党建工作考核体系，市总工会、经信委、国资委定期召开联席会议，沟通研究工作。

二、扫码便捷入会。上海长升工程管理有限公司管理的“挖泥小哥”均为劳务派遣工，归属三家不同的劳务派遣公司。浦东新区高东镇总工会指导上海长升工程管理有限公司成立联合工会，为企业工会建立了扫码入会专属二维码。“挖泥小哥”只需扫码，就能自动完成信息抓取、信息提交、资格审查等流程，精准标记劳务派遣工标签，加入企业工会。

三、强化服务吸引。上海市总工会推出“随申办・工会”线上福利活动，包含流量、专享福利、购物礼包、消费券等多种形式。工会通过一站式服务提高服务效率，从困难职工帮扶、职工疗休养、技能比武等方面开展工作，“挖泥小哥”通过“随申办・工会”查询本人的入会情况，享受多项会员服务，切实增强职工群众的参与感与获得感。

# 上海市杨浦区成立全市首家新联会工会联合会

2024 年 1 月 4 日，在上海市杨浦区委统战部和杨浦区总工会共同推动下，上海市杨浦区新的社会阶层人士联谊会工会联合会成立，是上海市首家新联会工会联合会。

一、依托新联会平台，延伸建会触角。由区新联会和 12 个街道新联会牵头，梳理新联会个人会员涉及的企业、社会组织和单位会员基本情况，同时发挥 12 个街道总工会 86 名社会化工会工作者作用，上门走访，推动建会，2 个月内新增建会企业 18 家、社会组织 24 家。截至 2023 年 12 月底，推动企业建会 59 家、社会组织建会 47 家，覆盖工会会员 1.5 万人。

二、针对新联会特点，搭建工会组织架构。顺应区新联会“1+12+X”组织体系，针对其结构跨度大、覆盖面广、会员影响力大等特点，新联会工会联合会由区总工会组织建设部部长担任副主席，区总工会给予工作经费，区新联会安排 2 名工作人员，确保有场地、有人员、有经费、能办事。

三、创新服务项目，实现资源互通。发挥工会服务优势，依托劳模和工匠资源，开展“劳模工匠助企行”，为会员单位提供技术服务、技能培训、创业指导。同时，发挥新的社会阶层人士的专业优势，启动新联会“新”飞 Young 志愿服务团服务职工四大行动，为区域内职工开展法律咨询、创新创业、健康医疗、社区便民等志愿服务。

# 新疆维吾尔自治区总工会大力推进社会化工会工作者队伍建设

新疆共有基层社会化工会工作者2200余人，在推动工会组建、服务职工、激活基层等工作中发挥重要作用。

一、领导高度重视。新疆维吾尔自治区总工会主要领导多次召开会议专题研究社工队伍建设，科学谋划解决招录使用、岗位设置、经费保障、职业发展等难点问题。

二、严格招聘管理。按照新疆维吾尔自治区总工会统筹、地州市招聘、县市区管理、基层使用的原则，严格招录程序，由县市区工会与社工签订劳动合同，统一定岗到基层工会从事专职工作，制定具体的管理考核制度，做好日常管理。

三、改善薪资待遇。社工工资在全国总工会300元/人/月补助的基础上，新疆维吾尔自治区总工会按照不同区域不同标准给予补助。目前，全区社工月实发工资（扣除社保金后）不低于3100元。2023年，全区社工增加缴纳“住房公积金”。

四、促进职业发展。建立职业发展通道，根据业务能力、履职年限、工作实绩、考核结果等因素，给予社工相应的职级和薪酬待遇。推动落实岗位与职级并行制度，择优推荐社工担任乡镇（街道）、开发区（产业园区）工会专职副主席或区域（行业）工会联合会主席、副主席候选人。

# 广东清远市总工会探索开展新业态企业工会代表制

自 2023 年起，清远市总工会在 4 个县（市、区）各选择 1 家新业态企业开展工会代表制试点工作。试点期间，清远市总工会指导 4 家企业确定 60 位工会代表，同时按照制定一份制度文件、召开一次职代会、举办一期职工代表培训、开辟一个厂务公开栏的“四个一”标准，规范企业职代会、厂务公开制度建设工作。

工会代表具有工会积极分子性质，从新业态工会会员中选出，符合“个人申请、职工认可、工会确认”的履职程序，实行动态退出机制。试点单位做到“代表上墙”，方便劳动者联系沟通。工会代表积极履职服务新就业形态劳动者，做好“六大员”即组织员、宣讲员、信息员、教练员、服务员、议政员。

在新业态领域推行工会代表制，畅通了新就业形态劳动者诉求表达渠道，延伸了工会组织触角，缓解了工会工作点多面广与工会干部偏少的矛盾，把分散流动的新就业形态劳动者更好地团结在工会组织周围。此外，工会代表制还创新新业态企业民主管理工作，增强了新就业形态劳动者的获得感、幸福感、安全感。

清远市总工会计划，2024 年各县（市、区）原则上选择至少 1 家企业开展工会代表制工作试点；2025 年在全市推广工会代表制工作。

# 浙江绍兴越城区工会建立“越工周记”工作机制 深入基层抓落实 情系企业暖职工

2023 年 4 月，浙江绍兴越城区通过分片包干、分级负责方式，明确联系单位、走访基层一线、解决实际问题，实现了工会干部广泛联系基层、精准服务企业职工。

一是力量上，分组包干。工会主席抓总、副主席牵头负责，分成若干工作组，对所属 17 个镇街的 87 家重点企业、18 名劳模、19 名困难职工实行划片分级分组包干、联系服务全覆盖。二是内容上，聚焦重点。聚焦思想政治引领、助力企业发展、维护职工权益、培育工匠人才 4 项重点。三是推进上，闭环管理。实行“周走访、月交流、季分析、年评议”闭环管理机制。

“越工周记”机制推行以来，重塑了系统集成、协同高效的工会工作体系，实现了服务企业职工在一线、解决问题矛盾在基层，增强了工会组织力、引领力、服务力。截至 2023 年 12 月，累计走访企业 260 家，收集问题 197 个，解决问题 153 个，正在协商解决 44 个。

全国县级工会可参照“越工周记”建立“包联走企”工作机制，力求扩大工作覆盖面，与工会机关干部赴基层蹲点旨在实现点上突破形成策应，“双管齐下”打造分片包干、联系基层、点面结合、上下贯通的大抓基层指导体系。

# 山西太原迎泽区建设首批无人值守工会驿站

2023 年底，山西省太原市迎泽区将 40 个核酸采样亭改建为 20 组“双仓式”的 24 小时智能化工会驿站，每站日均服务超 35 人次，受到社会各界广泛关注和好评，被赞为“工会小站，贴心大爱”。

一、即改即用，高效务实。迎泽区总工会本着“投入少、好管理、易复制、可持续”建站要求，利用核酸采样亭占地小、便移动的特点，以步行 15 分钟到达且辐射范围不重叠画圈选址。组织工作专班，建好一处，试运行一处。运营以来，迎泽区总工会在驿站设置了意见本，了解户外劳动者所需，不断增加服务项目。

二、因地制宜，功能多样。迎泽区总工会打造“不打烊”驿站，主要是考虑到环卫工人、外卖快递人员、网约车司机等户外劳动者工作的特殊性。以环卫工人为例，他们在凌晨两三点开始工作，清晨六点左右完成第一轮清扫，在又冷又饿的时候，最渴盼的是就近的歇脚点、热饭点。24 小时无人值守驿站，每组两个小亭，一个小亭侧重休息功能，一个小亭侧重生活功能，提供热水、充电、空调等便捷服务，可容纳 6 个人同时使用。

三、运维管理，智能温馨。无人值守驿站微信“即扫即开”，户外劳动者自由进出。为加强安全控管，驿站专门安装用电保护装置，确保超功率自动断电；设置喊话系统，温馨提醒出站人员关灯关空调。运行以来，驿站有序服务，户外劳动者自发打扫卫生，精心呵护“小家”，展现了城市的文明和温度。

# 山东寿光市总工会构建城乡全覆盖的服务阵地

近年来，山东省寿光市总工会聚焦职工新需求，撬动社会资源，延伸服务触角，构建起城区、镇街、企业（社区）城乡全覆盖的三级服务平台，把工会服务送到了职工群众家门口，为职工群众提供广覆盖、全方位、零距离服务。

一是建阵地。建成工人文化宫并发挥辐射效应，在城区、镇街、企业广泛建设共享职工之家、工会驿站、企业职工之家，全市共建成共享职工之家 69 处、企业职工之家 136 处、工会驿站 90 处。二是聚资源。按照“镇街出思路、园区出场所、企业出经费”模式，协调有关部门和社区建设职工之家与工会驿站，与政府机构、社会组织、专业机构、企业实行协作共享，为职工提供特色服务。三是抓规范。制定完善三级服务阵地建范标准、管理办法、实施意见等制度文件，成立工作专班，完善管理机制，实行服务项目清单制，根据企业和职工“点单”开展服务。

通过上述举措，为基层工会提供一揽子点单式服务，面向职工开展特色关爱活动，先后服务基层和职工 102 万人次。打造了“工会小红娘”、“寿工悦读”、“工会大讲堂”、“寿工观影”等特色服务品牌。开展“双十佳”评选，每年培养 10 个“活力职工之家”示范点和 10 个“最贴心娘家人”典型。

# 湖北武汉武昌区都府堤社区<br>“区域性职工之家”促进互融共通

湖北武汉武昌区都府堤社区逐步推进弘扬一个主题（红色文化）、建设一个牵引（“家住长江边”的社区职工之家）、培育“五大人员”（即参谋员、规划员、助理员、考评员、宣传员）的“115 计划”，把工会服务由企事业单位拓展到基层社区，共同缔造美好环境与幸福生活。

一、召开“共同缔造”共谋会。邀请社区居民、新就业形态劳动者以及辖区内重点企事业单位和学校代表，围绕职工之家建设，共商达成“115 计划”。

二、初步完成职工之家改造。依托都府堤社区党群服务中心打造“家住长江边”职工之家，设置职工接待厅、爱心驿站、法院 + 工会诉调对接驻家工作站、社区直播间、职工大讲堂、心灵加油站等。

三、推动工会服务项目下沉社区。推行职工之家“717”（每周运行 7 天，每天运行 17 个小时）服务制度，推进职业培训、就业推荐等工会服务进社区。

四、打造红巷工友服务品牌。遴选行业先进代表，成立“红巷工友”宣讲队，邀请“红巷工友宣讲队”以线上线下相结合的形式解答。

五、建立 25 项清单。采取问卷调查、走访恳谈等多种形式，广泛征集职工群众意见，列出年底前必须完成的 25 项任务清单，目前已经完成 16 项。

# 广东省总工会奖补社会化工会工作者考取社工资格

为提升社会化工会工作者专业能力水平，广东省总工会将社会化工会工作者纳入“求学圆梦”计划和学历提升计划，推动专业人才队伍建设。

一、加强制度设计。广东省总工会将社会化工会工作者中的持证人员纳入全国总工会“求学圆梦行动”计划。出台文件对鼓励社会化工会工作者参加与工会相关的专业技术等级考试和学历提升教育、给予学费补贴、建立职业资格等级补贴等作出规定。

二、明确补助条件。把与县（区）级或镇街工会签订一年以上的劳动合同、未领取过相应级别的持证补贴、取得社会工作专业资格证书的社会化工会工作者等作为奖补发放的审核条件。按照初级、中级、高级分别奖励 500 元、700 元、1000 元的标准对考取社工职业资格证的人员给予一次性奖补。

三、严密组织实施。符合条件的个人在粤工惠小程序“社会化工会工作者持证奖补”模块自行申请，经省、市两级工会审核通过后，由广东省总工会“求学圆梦”计划专项资金拨款，将奖补资金发放到社会化工会工作者个人微信账户。

四、取得初步成效。广东省持证补贴工作从 2021 年开始，三年来共发放奖补金额 80.98 万元。截至 2023 年 10 月，广东省社会化工会工作者持社工证书 1480 余人，持证比值从 2020 年的 10% 提升到 41.5%。

# 山东临沂市总工会打造“工惠 +”工作品牌助力职工文化大发展

临沂市总工会立足大局所需、职工所盼，把工人文化宫建设作为服务职工的重要阵地，深耕“工惠 +”职工文化服务品牌，构建共建体系筑基，素质赋能、惠工助力两翼并驱“一体两翼”工作新格局，成为新时代“工人的学校和乐园”。

一、聚合力，构筑文化发展内外双循环共建体系。畅通内循环，市总工会联合市委宣传部、统战部，财政局，文旅局等部门以及各县区总工会，成立临沂职工文化服务“公益联盟”。打通外循环，建立全国革命老区工人文化宫交流合作工作机制，搭建职工交流、文化展示、网络创新、素质提升平台。

二、筑品牌，优化职工幸福赋能路径。市县两级工人文化宫开办“工惠乐学”课程 60 余个，线上线下覆盖职工 70 万余人次，开展公益培训进基层活动 100 余场次。创设“工惠悦读”品牌活动，“工惠体育”、“工惠相亲”、“工惠文艺”等品牌活动时尚丰富。

三、惠职工，提升融合发展服务效能。通过“公益 + 市场”的运营模式，开展融文化、体育、相亲、普惠等系列线下活动于一体大型节会活动。数字服务赋能，搭建齐鲁工惠 App 临沂站、“沂蒙工众”微信号、市总工会官方网站等全覆盖的新媒体平台矩阵，矩阵总粉丝数已达 100 多万。

# 十一、构建和谐劳动关系

# 北京海淀区总工会畅通基层劳动关系治理“最后一公里”

北京市海淀区协调劳动关系三方委员会牛顿商务楼宇工作站始建于 2020 年，面积 230 平方米，辖区有 1500 余家企业、3 万余名职工。

近年来，在市、区协调劳动关系三方指导下，站点按照“六有”要求，突出“联动、融合、共享”的工作理念，既为企业、职工提供“菜单式”综合服务，又结合个性需求推送“订单式”特色服务，最大限度满足不同规模企业、不同年龄段职工的需要，为企业和职工提供普惠活动和专享服务，实现“小阵地、大服务”功效。其中，开展劳动保护与权益保障相关法律规章以及工会法、妇女权益保护法、交通安全法等法律宣传 20 次；开展法律咨询 96 次；劳动法律援助 10 次；企业用工管理诊断和规范化水平提升指导 2 次；进行企业收入分配指导 90 次，集体协商、民主管理指导 90 次；劳动纠纷调解 59 起；职工心理健康教育 12 次，服务覆盖地区楼宇企业职工。区域内案件量从 2021 年的 120 余起呈逐年下降态势，在 2023 年发生的 24 起案件中，涉及劳动纠纷案件 16 起，调解成功 15 起，调解成功率为 94%。

# 山东济宁市海能电商园依托“九号议事”机制打通劳动关系治理“微循环”

针对城市商务楼宇数量多、企业聚集的实际，以及商务楼宇劳动关系治理“缺抓手、缺载体、缺平台”的问题，海能电商园创新设立楼宇劳动关系综合服务站，率先提出“楼宇自治”的理念，创新建立“九号议事”民主协商机制，探索出楼宇“自我管理、自我调解、自我服务”劳动关系治理新模式。

一、建阵地，议事有了新平台。劳动关系综合服务站创新推出楼宇“九号议事”协商机制，每月 9 日举办协商会议，企业和职工自主参与，当面沟通、一块儿商议，拉近了彼此之间的距离，畅通了对话交流渠道。

二、解难题，议事议出金点子。“九号议事”通过“有事你说、缺啥你提、有话咱问、有利咱享”，建立共商共建机制。“九号议事”实行“1+2”运行模式，“1”个总召集方，由楼宇党组织成员单位轮流担任；“2”个工作机构，即议事会和理事会。

三、列清单，议事构建大和谐。为保障“九号议事”有效实施，服务站建立了“共享资源”、“企业需求”、“服务项目”三张清单机制，将资源和需求精准对接，汇集资源解难题，提升服务助发展。

“九号议事”已举办协商会议 10 余次，议出了“人才夜市”“和为贵调解”等一批服务品牌，其中“人才夜市”有效解决了楼宇企业用工难问题，入选 2020 年山东就业“地方创新事件”。

# 山西沁水县嘉峰镇基层劳动关系公共服务站点开展综合性维权服务构建和谐劳动关系

嘉峰镇属于沁水的工业重镇，辖区内企业 268 个，工会服务覆盖会员 2 万余人，有着复杂的用工形式和劳动关系，嘉峰镇工会联合会坚持和发展新时代“枫桥经验”，着力打造嘉峰“树理公惠”基层劳动关系公共服务站点品牌，不断探索形成了“1+3+N”的建站模式，即一个基层劳动关系公共服务站，三个基层劳动关系公共服务点，人社、司法、法庭等“N”个社会力量；“五队一站多点”的运行模式，即在沁水县总工会要求的“五队一站”基础上，在职工集中的尉迟村、长畛村和晋能控股装备制造集团寺河矿设立 3 个服务点。

如今，该镇劳动争议在基层调解成功率达 95%以上，案件保有量逐年减少，有问题找“树理公惠”已经成为大多数职工解决劳动关系问题的首要选择。

# 江苏南通市总工会加强行业三方组织建设推动构建和谐劳动关系

南通市快递行业持证快递企业共有 82 家，经营网点 1901 个，从业人员约有 15000 人。2021 年以来，南通工会坚持以快递小哥等新就业形态劳动者需求为导向，最大限度地吸纳入会，精准提供优质服务。

一、建会入会，维护权益。2021 年 5 月，在南通市总工会的大力指导下，市快递行业工会联合会正式成立。工会联合会成立后，极大地加强了行业工会的组织领导，提高了行业工会的政治站位，自此，助力行业发展，服务快递小哥有了主心骨。

二、建立组织，强化指导。2022 年 2 月，南通市总工会与市人社局、邮政管理局、快递行业协会、快递行业工会联合会召开联席会议，在快递行业率先成立协调劳动关系三方委员会，重点推进的服务快递企业和职工的十项实事，指导快递行业工会与快递行业协会开展集体协商，签订《快递行业集体合同》、《快递行业工资专项集体合同》，对防暑降温用品、高温津贴都有了明确规定，还对户外温度低于零下 6℃时，职工可享受低温补贴或防寒物资等进行了规范。

截至目前，南通市、县和乡镇（街道）三级单位皆已成立快递行（企）业三方委员会，为维护快递从业者合法权益，构建快递业和谐劳动关系提供了有力支撑。

# 广东深圳市盐田区组建港口物流产业劳动关系“百人讲师团”

盐田因港设区，港口物流产业是龙头和支柱，盐田区高度重视港口物流产业劳动关系治理，以创建港口物流产业劳动关系公共服务全国基层样板站点为契机，组建劳动关系“百人讲师团”队伍，助推港口物流产业劳动关系高质量发展。

一、精英荟萃建队伍，锻造行业新力量。港口物流产业劳动关系公共服务站借力发挥行业自治力量，依托服务站充分汇聚行业内的优秀企业职工、协会商会及社会力量共同参与构建港口物流产业和谐劳动关系，组建一支政治站位高、本领素质强、社会效应广的队伍。

二、人人开讲弘正气，百师登台树新风。2023 年 7 月 20 日，盐田区港口物流产业劳动关系先进企业表彰大会暨和谐劳动关系大讲堂第一期（集装箱运输专场）活动如期召开，大力营造人人开讲弘正气、百师登台树新风的良好氛围。

三、多元共建创和谐，释放发展新红利。通过发挥人的价值，借助政府、行业（企业职工）、社会等多方力量，进行优势互补，力争达到“1+1+1>3”的治理效果，助推行业健康有序发展。“百人讲师团”由是政府搭台、行业牵线、企业职工唱戏、社会广泛参与构建行业和谐劳动关系的一个重要抓手，充分发挥企业职工的主观能动性，引入专业社会力量，打造多元共建共治共享的行业劳动关系治理新格局。

# 浙江杭州临安区玲珑街道和谐劳动关系服务站全域推进“能级”工资集体协商工作

临安区玲珑街道充分发挥和谐劳动关系服务站在协调劳动关系中的组织实施、指导服务、督促推进作用，推动落实三大行业工会与行业协会定期工资集体协商机制，探索能级工资集体协商，鼓励企业实施岗位分红、股权和期权等激励举措。

一是行业工资集体协商机制行稳致远，营造和谐稳定大局。玲珑街道复合装饰材料、电线电缆、电子电路三大重点产业，以行业协会和行业工会为协商主体，实现行业工资集体协商工作一年一议，保持 95% 以上动态覆盖。二是能级工资协商一企一策先试先行，激活职工内生动力。推动能级工资集体协商一企一策活动，因企制宜各自施策，共有 60 余家企业签订能级工资集体合同，有效激发职工爱岗敬业、岗位成才、岗位获益。三是重点关注新就业形态劳动者，确保协商全域覆盖。针对小微企业、新业态企业等行业特点，玲珑街道总工会与玲珑街道商会签订了杭州市首份区域性能级工资集团合同，涵盖技术技能类、技能竞赛类、荣誉称号类、学历提升类、创新创造类等五大能级模块，惠及小微企业近 900 家职工 6400 余人。

# 拉扎斯网络科技（饿了么）有限公司工会首创平台企业全网协商 畅通骑手诉求表达渠道

2023 年，饿了么签订《集体合同》和 3 个专项集体合同，覆盖全国 1.1 万个配送站点超过 300 万名蓝骑士。

一、坚持服务先行。在全国建设 1 万多个骑士站点、40 多个标杆党工服务驿站、1000 家一平方米温暖驿站，为骑手提供歇脚、充电的场所。在骑士 App 内点亮党群服务中心、户外劳动者爱心驿站。成立蓝基金，为 300 多个骑士家庭提供大病救助、子女助学服务。连续举办技能竞赛，颁布蓝骑士荣誉体系，推动骑手职业拓展、增强骑手的职业自豪感。

二、创新沟通机制。首创平台企业集体协商恳谈会，签订首份协商纪要，就劳动报酬、算法优化、劳动安全、职业发展、关心关爱、争议处理等六大方面进行约定。积极开展与骑士面对面的圆桌会，通过 270 余场圆桌会，解决了 123 项骑士问题。成立蓝骑士争议调解委员会，以组织化方式调处矛盾纠纷。

三、开展全网协商。创新职代会制度，会议命名为“职代会（扩大）会议”，囊括整个新就业形态链条各方代表，选取企业职工、服务商和骑士代表参加。深入分析蓝骑士争议纠纷调解种类，提出合同内容，浓缩成一份保障全、范围广、可执行的“1+3”的集体合同。

# 十二、参与劳动争议调解和职工法律援助

# 北京市总工会“劳模 + 工会”助力工会职工法律援助服务

2020 年，北京市总工会探索创新工会职工法律援助服务形式，组建工会劳模法律服务团，将“劳模精神”与“劳动精神”有机结合，充分发挥劳模法官和劳模律师示范作用与专业优势，为职工提供“面对面”、“一对一”的“法律专家服务”，构建形成“1+5”职工法律援助服务体系。

工会劳模法律服务团共有成员 21 名，包括享受市级及以上劳模待遇的法官 8 名和律师 13 名。为更好满足职工群众法律服务需求，工会劳模法律服务团以 12351 工会服务职工热线平台为依托，开通“劳模律师咨询专线”为职工提供法律咨询服务，并在此基础上进一步丰富维权服务内容，开设劳模大讲堂，为基层工会送法上门；发布劳模律师点评案例，为职工以案释法；组织劳模在线说法，宣讲法律政策知识；委托劳模律师代理案件，为职工仲裁和诉讼提供支持帮助；委派劳模律师调解劳动争议，及时化解劳动关系矛盾纠纷。

三年多来，工会劳模法律服务团累计专线值班 126 人次，服务职工 358 人次；举办讲堂 26 场，培训 7000 多人；在工会报刊发布案例 94 篇，在央视媒体发布在线说法栏目 20 期；代理职工劳动争议案件 32 件，参与调解劳动争议 20 件，为职工挽回经济损失近 3000 万元，得到职工高度认可和社会广泛好评。

# 内蒙古包头市青山区总工会建立“仲裁 + 工会”诉前调解联动模式 打造劳动争议多元化解新平台

包头市青山区是以装备制造业为主的新型中心城区，职工总数约 8 万人。2023 年 4 月，青山区总工会创新建立“仲裁 + 工会”诉前调解联动模式，在青山区仲裁院建立了“人社 + 工会”劳动争议诉前调解工作室，由区人社局、区总工会、区工商联、区司法局分别派出导诉员，组建专业队伍轮值开展导诉工作，为前来办事的职工群众做好仲裁立案及调解立案引导、材料接转、法律释明等服务；聘请 29 名劳动争议领域律师、仲裁员等专业人士作为调解员并纳入专家库，律师由区人社局聘用，区人社局和总工会共同管理，引进律师事务所入驻调解工作室，为申请仲裁的当事人提供免费咨询、调解等服务。

调解工作室自运行以来，已调处劳动争议案件 200 余件，为职工挽回经济损失达 500 余万元。充分依托工会组织对职工的强大号召力、凝聚力和贴近基层劳动者、擅长群众性工作的部门特性，深入挖掘使用人社部门在劳动争议案件处理工作中的专业性、权威性和人力资源优势，博采众长、借力发力，实现了“调解前置、源头化解”，形成了“左手调解、右手裁决”的高效服务体系。

# 江苏南京江宁区总工会高标准打造劳动争议多元化解中心 为职工提供全过程一站式法律服务

2023 年，江苏南京江宁区总工会依托职工服务中心（工人文化宫），规划建造占地一千多平方米的实体化劳动争议多元化解中心，协调引进人社、司法、法院、检察院等资源力量，全力打造“二窗二庭五室”工作平台，集中设立人社接待窗口、工会接待窗口、劳动人事争议仲裁庭、劳动争议巡回法庭以及律师咨询室、争议调解室、心理咨询室、检察官工作室及听证室，为职工提供“询、调、裁、诉、援”多位一体法律服务，精准对接职工群众多元化、多层次法律服务需求。同时，重点做好重大疑难案件、群体性案件、突发性案件应对处理工作，积极协调相关部门联合行动、联手调处，及时有效回应职工利益诉求，高效妥善化解劳动关系矛盾纠纷。

江宁区总工会劳动争议多元化解中心建成运行以来，共计接待职工 250 人次，调处劳动争议 130 件，调解成功率为 71.2%，为职工挽回经济损失 345 万元，为职工表达利益诉求、维护合法权益提供了有效渠道，充分发挥了工会参与劳动争议多元化解职能作用和资源优势，进一步扩大了“工会 +”协作联动效应，有效维护了劳动关系和谐和社会大局稳定。

# 浙江宁波工会、人社、法院联合组织竞赛培养劳动争议多元化解技能人才

近年来，宁波市总工会主动融入基层社会治理、多元化解矛盾纠纷工作格局，积极与司法行政、人社、法院对接，加强与仲裁调解、人民调解、司法调解等联动，探索形成宁波工会参与劳动争议“调裁诉”联动化解模式。截至目前，全市已建立 131 个区域性工会劳动争议调处工作室。仲裁院在工会设立多个劳动人事争议仲裁“派出庭”，法院在工会设立 97 个“共享法庭”，建立了一支 1.09 万人的专兼职劳动争议调解员队伍，累计调处劳动争议 2.3 万件，提供法律援助 2000 余件，调处仲裁、法院移交案件近 4500 件、调解成功率达 83%。

针对工会基层调解力量不足、技能水平偏低、调裁诉援不够通畅等问题，自 2022 年起，市总工会连续两年联合人社、法院举办全市劳动争议多元化解技能精英赛，有效地将工会调解的灵活性、人社仲裁的专业性和司法诉讼的权威性结合起来，对获得“优秀选手”且符合相关评选条件的，推荐申报宁波市“首席工人”或“技术能手”。开展劳动争议多元化解技能精英赛是检验工会劳动争议调解员业务技能、丰富实践经验、激发工作积极性的有益探索，通过“赛训结合”，有效提升调解员队伍整体素质和能力，培养了一批高素质劳动争议多元化解技能人才。

# 福建龙岩市总工会坚持和发展新时代“枫桥经验”全面推行“驿站枫桥”维权服务机制

2023 年，福建省龙岩市总工会积极创新发展新时代“枫桥经验”，以工会驿站为载体，以福建工会“园区枫桥”为样本，探索构建“驿站枫桥”一体化维权服务工作机制，形成覆盖市、县、乡镇的高效便捷维权服务工作体系。市总工会牵头与法院、司法行政、人社等部门签订合作协议，会同 17 家联盟单位建立维权服务团队，推动简易调解、法律咨询、普法宣传、法律援助等向工会驿站延伸，建立驿站简易调解、职工服务中心快速调处、劳动争议便捷审理、重大案件联动调处等机制，促进劳动争议“预、调、裁、审”全流程有序衔接，全新打造“工会 + 法院 + 人社 + 司法 +N”协同联动工作模式。同时，积极拓展工会法律服务线上功能，以“驿站枫桥”二维码形式链接工会劳动争议调解员和兼职仲裁员、工会劳动法律监督员、工会法律志愿者、社会律师、人民陪审员等“工”益力量，实现维权服务 24 小时“不打烊”。

截至目前，福建省龙岩市共计建成“驿站枫桥”百余家，自行受理劳动争议咨询百余件，调解成功 70 余件，涉案金额近百万元，与法院、劳动人事争议仲裁院等单位对接受理劳动争议案件百余件，为劳动者挽回经济损失 50 余万元。

# 山东日照市总工会创新“工会法律在线”全方位维护职工合法权益

近年来，山东日照市总工会坚持以职工为中心的工作导向，以市周播职工维权专题栏目“工会法律在线”为切入点，创新打造“普法宣传 + 法律咨询 + 法治体检 + 风险排查 + 争议化解”五位一体维权体系，普法与维权一体推进，助推劳动关系和谐稳定。

一是全天候阳光普法，营造尊法守法良好氛围。每周三上午 10：00—11：00 在 FM87.9 频道，由工会干部、人社干部、仲裁员、法官、律师等主讲，围绕法律法规、热点焦点等问题，通过“法条解读 + 以案释法 + 互动答疑 + 回放收听”方式多层次普法，单期收听达 20 余万人，已开播 101 期，解答问题 726 件，成为职工交口称赞的暖心热线。二是全过程法律援助，实现“线上 + 线下”维权无缝衔接。市区、镇街、园区法律援助服务一站通办，通过工会干部公心调解、律师专业调解、劳模公信调解，实施多部门联动立体维权，2023 年办理援助案件 1137 件次，帮助职工挽回经济损失 1500 余万元。三是全方位法治体检，助推社会和谐稳定。由工会干部、律师、企业代表等组成专业体检团队，通过企业自检、预约体检、团队评审、跟踪回检“四步工作法”对 276 家企业开展劳动用工法治体检，排查化解矛盾纠纷 180 余个，做到风险隐患早发现、早处理，助企纾困、惠工解忧，扎实推动企业发展与维护职工合法权益“双赢”，助推劳动关系和谐稳定。

# 湖北武汉武昌区总工会探索建立“1+3+N”模式着力提升劳动争议源头化解成效

近年来，湖北武汉市武昌区总工会立足维权服务基本职责，持续推进“工会 + 法院”劳动争议诉调对接机制建设，将工会调解贯穿于劳动争议化解全过程各方面，创新打造“一站式受理、一条龙服务、一揽子解决”工会维权服务新模式。一是强化多方联动，建立形成“1+3+N”（工会 + 法院、人社、司法行政 + 多个基层工会、企业）劳动争议多元化解工作体系，实现“商、调、裁、诉、援、执”一体贯通、协调运转。二是完善运行机制，联合法院建立调解前置、“三调”联动、司法确认、调审快转、仿效调解、回访跟进等机制，实现工会调解全过程覆盖。三是注重关口前移，联合法院开展普法宣传、案例发布、数据分析、趋势研判等工作，推动“一案一策化解”向“一类问题预防”拓展。四是采用“四情”调解法，通过“吃透案情”“融入真情”“拉近感情”“互换心情”，促进劳动争议双方互谅互让、平息纠纷。五是夯实基础保障，以“1+2+3”模式强化人员配备，以省级专项拨款、市级按需配套强化经费保障，以网络平台为载体提升工作质效。

2023 年，武昌区“诉调对接化解劳动争议工作法”被中央政法委评为全国“枫桥式工作法”，武昌区诉调对接工作室被人社部、全国总工会等评为 2023 年度工作突出基层劳动人事争议调解组织。

# 四川成都市总工会牵头成立劳动争议人民调解组织联合建立劳动争议多元化解机制

近年来，四川省成都市总工会深入贯彻落实全国总工会关于开展劳动争议多元化解试点工作要求，与市多解办、市法院、市人社局、市司法局等部门共同探索建立劳动纠纷多元化解机制。市委常委、市总工会主席亲自召开专题会，积极开展试点工作，工会牵头成立劳动争议人民调解组织，建立调解员队伍，联合制发《关于建立劳动纠纷“一站式”多元化解联动处置机制的意见》、《成都市劳动争议人民调解委员会工作暂行办法》等配套性文件，完成全市劳动纠纷一站式联处中心建设，统筹推进市、区（市）县、街道（园区）三级解纷网络建设，形成覆盖全市的“1+23+N”劳动纠纷多元化解网络，实现工会调解、人民调解、行政调解、仲裁调解、司法调解“五调联动”，矛盾纠纷化解“一站式”办理、“一条龙”处理。推动了劳动争议调处从碎片治理向集成治理、被动治理向主动治理、突击治理向长效治理转变，促进大量劳动争议实质性化解在仲裁、诉讼前端，成功实现职工维权成本和司法资源成本的“双减”。

2020 年以来，全市（含区县）共调解成功 5.71 万件案件，涉及职工 6.67 万人，为职工挽回经济损失 10.48 亿元。

# 重庆市总工会创建“五方联动机制”推动劳动争议多元高效化解

2023 年，重庆市总工会深入践行新时代“枫桥经验”，在全国率先建立“工会 + 法院 + 检察院 + 人社 + 司法”群众性劳动争议化解工作联动机制，大力推进劳动领域矛盾纠纷预防调处化解。一是完善工作体系。在区县、乡镇（街道）、园区（企业）设立工会劳动争议纠纷人民调解委员会，强化专业人员配备和工会经费保障，规范和推行调解协议司法确认制度。二是开展试点工作。确定 10 个区县、4 个单位作为“五方联动”三年试点单位，由市总工会给予专项工作经费保障，鼓励支持发挥示范带动效应，打造形成可复制可推广经验成果。三是发挥联动优势。大力推进政府劳动保障监察与工会劳动法律监督信息共享与协作联动，持续优化“法院 + 工会”“人社 + 工会”调裁诉对接流程，创新建立工会参与检察院办理涉及职工劳动权益案件听证和调解机制，着力做好劳动领域矛盾纠纷风险预警、源头预防、前端化解工作，不断提升劳动争议预防调处针对性和时效性。

2023 年以来，累计调解劳动争议 3459 件，调解成功 3300 件，调解成功率达到 95%，为促进劳动领域矛盾纠纷源头治理和多元化解发挥了积极作用。

# 新疆维吾尔自治区总工会以“枫桥经验”为引领全力推动构建和谐劳动关系

近年来，新疆维吾尔自治区总工会坚持和发展新时代“枫桥经验”，积极探索打造“枫桥经验”职工法律服务站，为职工免费提供法律服务、心理咨询、技术创新服务。一是加强组织领导，确保稳步有序推进。区总工会成立了工作领导小组，制定印发《关于进一步深入推进“枫桥经验”服务站建设的通知》、《自治区工会系统“枫桥经验”法律服务站建设标准》等文件，要求各地、州、市、县（区）总工会同部署、同推进、同落实。二是强化阵地建设，确保高效科学运行。工会“枫桥经验”服务工作站实行阵地亮牌、人员身份亮牌、服务流程亮牌，做到办事程序公开、透明，便捷周到。三是整合各方资源，建立一体化服务平台。聘请专业律师参与企业工会信访接待、法治宣传、劳动法律监督、协调劳动争议处理、为企业工会重大决策提供法律服务等工作。聘请专业心理咨询师担任企业工会心理健康顾问，定期在服务站为职工开展心理健康知识讲座。聘请技术专家担任企业工会技术创新顾问，定期在服务站为企业开展技术创新讲座、培训等。

截至目前，工会“枫桥经验”职工法律服务站在全区已设立近 300 个，累计受理解决涉及维护职工合法权益案件 1000 余起，真正实现小事不出企业单位，大事不出县、市，就地解决职工各类矛盾纠纷，更高效地为职工提供法律援助服务工作，为新疆经济高质量发展作出积极贡献。

# 十三、劳动法律监督“一函两书”

# 上海嘉定区总工会推动法律监督工作实效化、精准化、创新化

上海市嘉定区总工会认真开展工会劳动法律监督工作，通过“一函两书”等手段，有力促进劳动关系和谐稳定。一是强化联动，确保法律监督有实效。因某公司拒不建会建制，嘉定工会依法向其开具“两书”并发送区人社局督促其改正，企业拒不整改，后将其纳入上海市公共信用信息服务平台。二是力求实效，推进法律监督精准化。对发生过群体性劳资纠纷的企业，区总工会与区人社局共同排查企业可能再度引发劳动关系矛盾隐患，确定监督名单，发送区人社局审核确认并对目标企业实施精准监督。三是创新发展，探索源头治理新解法。结合监督具体案例，创新监督方式，关口前移，把过去传统的事后监督前移至事前预防上来，探索开展劳动关系用工评估。

经多方努力，该公司积极整改并成立工会，建立职代会和集体协商制度。嘉定工会已累计开展工会劳动法律监督 58 次，检查企业 56 家，覆盖职工约 4871 人。探索开展劳动关系用工评估，已成为嘉定工会预防劳动关系矛盾的新解法。

# 泉州台商投资区总工会以“一函两书”为抓手织牢工会劳动法律监督“精细网格”

泉州台商投资区总工会在春节前后、集体协商要约行动月、高温季节等重要时间节点，向企业公开发布涉及劳动报酬、集体协商等内容的《工会劳动法律监督提示函》162 份，提醒企业遵守相关劳动法律法规。累计发出《工会劳动法律监督意见书》80 份，《工会劳动法律监督建议书》9 份，变工会在劳动法律监督中“单打独斗”为“联动发力”。

在农民工刘某等 11 人被拖欠劳动报酬案件中，泉州台商投资区总工会向企业发出《工会劳动法律监督提示函》，督促改正。在企业不配合的情况下，经明确案件情况和诉求，区总工会又向企业发出《工会劳动法律监督意见书》，多次沟通无果后，区总工会向区劳动执法部门发出《工会劳动法律监督建议书》，联合区劳动监督大队、区规建局等部门协同处理，促成双方达成调解协议，使 11 名农民工最终拿回 7.5 万元薪资。

泉州台商投资区总工会通过用好用活“一函两书”，使劳动法律监督有序开展、劳动争议纠纷有效化解、基层治理基础切实筑牢。

# 黑龙江鸡西市总工会推行“三书”制度打造工会劳动法律监督新模式

为更好发挥工会劳动法律监督“一函两书”作用，鸡西市总工会推行“三书”制度，并印发《鸡西市总工会关于建立〈工会维权调解书〉〈工会维权意见书〉〈工会维权建议书〉制度的通知》。工会组织在发现或受理职工权益诉求后，根据实际情况进行调解并出具《工会维权调解书》；调解不成时，向企业发出《工会维权意见书》，提出协调处理意见，要求企业限期整改；企业拒不改正的，按程序由工会向有关执法部门发出《工会维权建议书》，提请相关部门依法给予处理并限期反馈结果。《工会维权调解书》、《工会维权意见书》、《工会维权建议书》由市总工会统一制作、统一编号、统一程序、统一管理。

“三书”制度的建立拓宽了工会劳动法律监督“一函两书”的服务载体，提升了工会劳动法律监督的规范性与实效性，推动了工会劳动法律监督的制度化与常态化。

# 云南昆明市总工会劳动法律监督<br>发挥“娘家人”力量

10 名重庆籍农民工被拖欠劳动报酬，求助户籍地工会。重庆永川区总工会向昆明市总工会发来请求协调处理的函。昆明市总工会迅速反应、有效行动，通过《劳动法律监督建议书》，24 小时内解决农民工劳动报酬被拖欠问题。

昆明市总工会收到请求协调处理的函，第一时间会同有关单位研究处理方案，积极联系农民工了解情况，并由相关街道总工会向街道社会保障综合服务中心发出《工会维权建议书》，同时协调调处工作。由相关街道总工会、劳动监察、人民调解委员会工作人员组织农民工和工资拖欠方进行调解，最终双方就问题解决达成一致。

昆明市三级工会协同相关部门，24 小时内帮助农民工解决拖欠劳动报酬 4 万元的问题，突出维权实效，关心关爱职工、农民工，当好职工群众的“娘家人”和“贴心人”。

# 河南新乡市总工会大力推进“三书一公布”制度

为深入开展工会劳动法律监督、切实维护职工合法权益，新乡市总工会以深化工会机构改革为契机，联合市中级人民法院、市人社局、市发改委等部门建立了“三书一公布”制度。一是坚持部门联动，锻造劳动法律监督“硬手段”。首次把重大劳动违法行为纳入社会诚信体系建设中，首创了上级工会向下级工会发告知书的新方法。二是坚持职工至上，当好职工维权服务的“娘家人”。通过“一调二查三援助”工作机制，打造职工维权“高效通道”。三是坚持统合资源，做到诉求处理实时化，专业服务面对面，触角延伸多维度，实现监督维权服务“全覆盖”。四是坚持能力建设，突出内部提升，注重外部配合，做强劳动法律监督“新品牌”。

各级工会共妥善解决劳动纠纷 800 余起，为职工挽回经济损失 1000 余万元，工会组织维权效率大大提高。该制度被市委、市政府写进《关于构建和谐劳动关系的实施意见》加以落实，纳入全市平安建设工作考核体系，融入全市诉调对接多元化解工作大局。

# 重庆江津区总工会开展劳动法律监督保障职工合法权益

2022 年，重庆市江津区总工会在开展劳动法律监督时发现，重庆某机械制造有限公司在遵守劳动法律法规、保障职工合法权益方面存在焊工生产作业焊接烟尘处理不完全、职工劳动环境较差等问题。江津区总工会积极行使工会监督职能，督促用人单位整改，保障了职工的合法权益。

工会劳动法律监督委员会及时对该公司存在问题进行梳理，发出《工会劳动法律监督整改意见书》。企业逾期未予答复，区总工会向区卫生健康委发出《工会劳动法律监督处理建议书》，提请其依法处理。在区总工会和区卫生健康委的共同推动下，该机械制造公司进行了焊接烟尘系统改进和机器人技术改造升级，改善了职工劳动环境。

近年来，江津区总工会积极构建“工会 + 法院 + 检察院 + 人社 + 司法”五方联动机制，通过创新开展联合监督、定期监督、专项监督、综合监督等，将监督“关口”前移，及时发现劳动关系风险隐患。运用“一函两书”监督机制，持续加强与人社、应急、卫生健康等部门协调联动，依法维护职工合法权益，有力提升了职工群众获得感、幸福感。

# 浙江舟山市总工会以防范代维权<br>运用监督职能化解企业搬迁中的用工风险

舟山市总工会立足风险防范、强化监督职能。一是建立覆盖全市各乡（镇、街道）的劳动关系信息员队伍，在 600 余家企业建立预警信息直报点；二是建立“上代下”职工维权机制，并依据具体情形适时启动；三是建立司法行政、人社、法院、公安等共同参与的“劳动争议多方联动多元化解工作机制”，形成跨部门调处劳动争议的工作闭环。

在舟山某洁具公司拟迁出整条生产线并与全体职工解除劳动合同期间，岱山县总工会及时获取第一手信息，舟山市总工会提前介入，工会监督小组及时进驻该公司，并全程参与监督赔偿、再就业培训等方案的制定，相关部门和当地政府紧密配合，保证了调处工作的顺利开展。这些举措，使经济赔偿和再就业培训方案得到职工的广泛认可，也使企业搬迁稳定有序，更使职工对工会的认同感愈加强烈。

# 黑龙江省总工会制定“一函两书”标准文本<br>提升工会劳动法律监督工作规范化水平

黑龙江省总工会发布《关于建立健全工会劳动法律监督“一函两书”制度的通知》，统一制定《工会劳动法律监督意见书》、《工会劳动法律监督建议书》、《工会劳动法律监督提示函》标准文本，并指导各级工会根据具体情形规范使用相应文书。

目前，全省共发出《工会劳动法律监督提示函》1088 份、《工会劳动法律监督意见书》152 份、《工会劳动法律监督建议书》57 份。牡丹江市总工会出台了《关于推行工会劳动法律监督意见书和建议书制度的意见》，并于 2021 年，在 30 名农民工与牡丹江某企业、牡丹江某劳务派遣公司劳动报酬争议案件调处过程中，发布《工会劳动法律监督提示函》，督促企业高度重视并立即整改，确保此前拖欠的 9 余万元劳动报酬在仲裁调解后及时支付到位。

“一函两书”文本的规范和统一，有效提升工会劳动法律监督工作的实效性与规范化水平，在明确制度内在逻辑、达成制度核心共识、保障制度高效运行等方面，切实推进工会劳动法律监督职能的充分发挥。

# 浙江台州椒江区总工会创新打造“职工哨”劳动法律监督新模式

为加强劳动法律监督，维护职工队伍稳定，台州椒江区总工会创新推出“职工哨”劳动法律监督新模式，密切关注区内职工队伍情况，在防范风险、化解矛盾、维护职工合法权益等方面发挥了重要作用。一是通过全域靶向布点、打造示范典型、延伸新业态领域，进行全覆盖布局，科学化打造“职工哨”矩阵。二是通过深化“普法服务”、定制“个性服务”、做优劳动者“公益服务”，进行全链条创新，多元化开展“职工哨”服务。三是通过打好工资协商“组合拳”、依法维权“基础拳”、心理健康“创新拳”，进行全方位拓展，精准化放大“职工哨”作用。

台州椒江区总工会依托“职工哨”前沿阵地，着力解决职工急难愁盼问题，努力增强职工的获得感、幸福感、归属感。依托全区 124 个“职工哨”站点，共接待咨询 137 批次、涉及职工 1356 人，处理劳资纠纷 56 起，协调劳动纠纷法律援助 76 起。利用“职工哨”及周边阵地，打造宣传阵地，开展普惠性活动，发挥特色示范哨点引领作用，打造工会综合服务矩阵。“职工哨”模式经验信息被多家媒体报道，椒江户外驿站建设经验得到省总工会领导肯定。

# 十四、智慧工会建设

# 内蒙古包头市总工会持续为职工群众提供精准化服务

包头市总工会打造以智慧工会数据库为后台，鹿城职工普惠 App、包头职工 e 家小程序为前端，19 个各级工会微信公众号为延伸的多样化工会网上服务平台，建成工会组织、工会会员和工会干部、劳模工匠四个实名制数据库，全面梳理市总工会 38 项服务职工高频业务，实现一网通办、全程网办。以数字智能技术赋能工会持续精准服务，通过实名制登记精确服务对象，通过数据共享提升服务职工能力，通过线上服务接长服务“手臂”，扩大服务范围，延长服务时间，实现工会服务 24 小时在线。

开通“工会电子会员码”，职工出示“会员码”即可享受观影、旅游、餐饮、健身等各类普惠服务。2023 年线上线下相结合开展“温暖来包路”、“公益观影”、“职工每日惠”等系列活动 90 余场，发放蛋糕券、观影券、节日礼包、超市券等，惠及职工 38.2 万余人。推动医保数据与职工互助保障数据互通共享，自动为符合报销的职工发送短信提醒，同时开通网上理赔通道，会员一键办理住院结算报销，2023 年通过信息比对短信提醒和线上申报功能服务会员 7400 多人，理赔金额达 330 多万元。

# 四川德阳市总工会以数字化打造指尖上的“职工之家”

德阳市总工会在川工之家 App“统分融合”框架下积极打造“德工家园”频道。目前，“德工家园”频道注册用户超 44 万人，认证用户超 33 万人，累计访问量超千万人次。

一、加强数字传播。采用虚拟现实技术、人工智能等手段，打造数字播报、德工数媒等功能，积极构建融合数字传播平台。引入 AI 智能客服，提供 24 小时在线咨询服务，通过语音、文字等方式自动化处理职工问题。

二、打造数字阵地。综合运用大数据、云计算、地图服务等数字化技术手段，开通扫码开门、自助兑换机、扫码按摩椅、扫码充电宝、扫码存储柜等功能，实现阵地的数字化智慧服务。

三、实现数字普惠。实现“出行、观影、充值、美食、团购、积分、邮政”等类目于一体，定向普惠、智能满减、商家核销、快递对接等全流程闭环普惠服务，构建“视频带货”、“直播带货”等形式数字化普惠场景服务。

四、强化数字运用。通过用户画像打造专属个性标签，实现资讯和服务的个性化推荐。建设数据可视化、数字看板等功能，打造数字化指标评价体系。通过数字化探索，“德工家园”频道已突破传统工会服务模式，未来将围绕职工群众日益增长的美好生活需要，让职工享受到高效、实时、精准的工会服务，助力构建和谐劳动关系。

# 广东深圳市总工会推动“一键申报 一网管理”以数字化转型赋能工伤探视精准高效落实

近年来，深圳市总工会积极探索工伤探视工作创新路径，加快推进体系化、标准化、数字化建设，逐渐形成“逢伤必探、探后必访、热心主动、一键办理、分级分类”工作体系。

“一键申报”，深圳市总工会通过信息化手段建立全市统一的工伤探视网上申报入口，上线“申请工伤探视”的线上“绿色通道”，依托“工会＋社工”模式，在全市定点医院开展“工伤探视”项目，将工会法律服务延伸到职工身边“最后一米”。“一网管理”，构建“二维码—系统申报—工单分配—审核进度可视”的全流程系统管理，推动工伤探视申报的数字化、智能化转型、一平台管理。

通过构建智慧工会平台，取代繁琐的纸质流程，方便工伤职工“一键申报”。通过系统自动识别、分配探视任务，实现“主动探视、应探尽探”，提高工伤探视工作效率，实现慰问金即时到账。智慧工会平台不仅提供工伤探视服务，还联动法律服务、心理服务等多元化服务，从而延伸职工服务链条。2023年，系统累计收到工伤探视工单共7882条，其中4622条工单符合工伤探视标准，累计发放慰问金231.1万元。

# 上海市总工会积极探索数字化转型背景下的工会服务新阵地建设

上海市总工会始终将加强工会服务新阵地建设作为重中之重，近年来依托数字化技术，对工会服务新阵地建设不断发力。一是打造“扫码入会”模式。创新会籍动态转移方式，简化职工网上入会流程，通过扫码入会的会员累计 47.93 万人。二是职工互助保障理赔“免申即享”。定期比对全市职工医疗和参保数据，实现职工免申即得保障金。至 2023 年底，共向 217.24 万人次在职职工自动给付保障金 13.33 亿元，向 1702.83 万人次退休职工自动给付保障金 68.93 亿元。三是拓展工会会员码应用场景。工会会员登记入住指定酒店时亮出会员码，经扫码确认后即可享受相应的工会福利。

做到“两个免于提交”。职工办事免于提交本市政府部门核发的材料，办事时间缩减 75%。高效实施“一件事”服务。配合业务牵头单位完成“一件事”工会业务升级，实现工会业务事项办结率 100%，办件受理成功率 100%。构建数字化建设数据底座。与其他委办局数据交互，提高精准度，上海工会实名制数据质量、实名制会员身份核验一致性占比均位列全国第一，实名制单位核验一致性占比第二。

# 江苏省总工会推动数字工会落到基层、服务基层、赋能基层

一、连通到底，数字化赋能“最后一级”服务管理。2023 年，“江苏工会”App/ 小程序上线了“微工会”应用，该应用是江苏省总工会为全省基层工会提供免费网上服务应用，秉承服务职工、赋能工会、助力企业原则，包含企业工会工作中的会员服务、技能提升、教育培训、活动报名、福利发放等 30 多项基础应用模块。

二、千人千面，数字化满足职工基层服务需求。基础功能由省市总工会统建，个性化应用根据企业需求单独配置，上手简易、操作简便，与全省工会组织和会员实名数据库打通，每位会员享受各自企业的专属工会页面服务，让基层成为“一张网”的“主力军”，让工会数字化平台更有生命力和凝聚力，目前已连通 464 家企业，覆盖近 40 万名会员。

三、数据为基，数字化提升基层工会服务效能。在工会数字化建设中，工会组织“三层五级”中的“最后一级”——基层工会，往往是个被动角色。运用“微工会”可以满足基层工会和职工自身数字化工作的切实需求，不断增强基层工会干部和职工群众的参与感、获得感，用数字工会建设的“最先一公里”打通服务群众的“最后一公里”。

# 江西省总工会通过数字化赋能助力工会转型升级

江西省总工会对全省工会网上平台统一规划、统一开发、统一维护，2018 年江西工会网、“赣工惠”App、“赣工谈”微信号和全省工会新媒体矩阵正式上线，以工会会员实名制为基础的工会动态数据库初步建成，工会数字化治理能力与网上职工服务体系取得了阶段性的工作成果。江西工会网上平台开通省总工会和 11 个地市、100 个县（市区）工会频道，主要功能包括“统一信息门户、工会组织和会员管理、三师一室、困难帮扶、在线培训、在线互动、普惠服务、评价系统、工会展厅、专题板块、可视化中心”等应用。在“网聚职工正能量 争做中国好网民”主题活动中，江西工会网上平台曾获得全国“互联网 +”工会普惠服务最具影响力平台称号，“赣工谈”获优秀新媒体(微信组)省级工会十佳账号荣誉。

2023 年，江西省总工会完成江西工会网上平台和全国总工会平台的互联互通第一阶段的任务，省级 12351 职工服务热线平台已建成运行，制定《江西省数字工会建设项目设计方案》，申报了江西省 2024 年度数字化项目。力争到 2025 年，建成架构合理、功能完善、技术先进、安全可靠的全省工会智慧服务平台，通过数字化赋能，推动工会工作高质量发展。

# 四川省总工会坚持三性带三力<br>以数字化助推工会工作高质量发展

2019 年 12 月，四川省总工会上线发布四川工会数字化平台——川工之家 App。经过四年探索，实现了工会主要业务的全流程线上便捷办理，各市州总工会在川工之家 App 先后打造地方特色频道，积极探索数字化和人工智能应用场景，初步构建了全省工会数字化建设“统分融合”的工作格局。各级工会通过对平台各类数据及用户行为的大数据分析，也进一步助推工会工作精准决策和高质量发展。目前，平台注册用户近 800 万人，累计办理各类工会业务 410 余万件次，信息总阅读量超过 4.1 亿次，日均活跃用户超过 50 万人。

一是始终把政治性作为首要出发点，不断增强网上工会的传播力。突出学习宣传贯彻习近平新时代中国特色社会主义思想，累计发布时政要闻 7000 余篇，单篇平均阅读量超 2.2 万次。上线数字川工报 1 年时间累计阅读量超 630 万次。二是始终把先进性作为重要着力点，持续提升网上工会的引导力。集中展示劳模工匠的典型先进事迹，单篇平均点击量超 6.7 万次。组建劳模工匠宣讲团，线上累计宣传覆盖超过 5000 万人次。三是始终把群众性作为最终落脚点，逐步扩大网上工会的影响力。对工会现有业务进行流程再造，上线以来有 400 余万名职工通过平台加入工会或转移会员关系。陆续开通工匠学院、就业创业、喜马拉雅等职工服务模块，总使用量超过 2000 万人次。

# 中关村科学城总工会以数智赋能<br>融合创新打造特色全生命周期智慧工会

中关村科学城总工会智慧工会基于 591 家基层应用、18 万名会员需求，共建办公、企业、会员、新媒体、驾驶舱的五维平台生态系统。

按照“一个智慧平台、九大智慧阵地”的总体设计和“航天发射器式”业务桁架结构，内部办公平台以数据消费为核心驱动力，实现数字化、场景化、集约化、可视化；基层工会平台为总工会与基层的交互关系提供新的衔接界面与渠道，与内部办公平台依存共生、即时协同和全链条数据赋能；会员服务平台基于会员身份识别系统，构建职工服务一体化平台，悦享北京工会 12351 职工服务和科学城特色百余项普惠服务；新媒体平台打造“1+4+5+N”的前端展示和一屏总览、智能解析的数字化管理后台。

2019 年至今，智慧工会访问量 5738 万人次。产生办公业务 48533 条、基层业务 20564 条，会员周活跃超过 42.5 万人次。抖音号关注量 9.8 万人、点赞量 267 万次；微信公众号关注量 12.5 万人。

# 江苏南京市总工会搭建“宁工享·您共享”数字化平台 以数字赋能工会改革创新

南京市总工会创新搭建“宁工享·您共享”数字化平台。平台包括融媒体宣传、全维度服务、工会工作管理三个模块，目前已建成 36 个应用，近 130 个服务项目，并在“南京工会会员”微信端、“我的南京”App、“江苏工会”App 端实现“三端一体”共享服务。

平台按照“上接、下通、互联”思路，对上积极融入“江苏工会服务一张网”，坚持省市一体，共建共享；对下梳理厘清各直属工会及基层工会组织网络资产，应联尽联、能上尽上，让数据互联互通，使业务共享复用；与市级部门单位积极沟通协调，主动接入“我的南京”App、市政务密码应用综合治理平台，通过市数据共享交换平台，与人社、医保、税务等公共数据做共享交换，完善数据的准确性和权威性。

平台坚持用户导向，以为职工群众服务为宗旨，充分引流各级企业工会网上服务资源，大力加强工会特色服务应用的功能开发和汇聚，以职工群众想到、用到、找到、得到为目标，实现南京工会工作线上线下一条线，始终在线，创建直达百万职工群众的服务阵地。

# 十五、女职工工作

# 黑龙江省总工会坚持三聚焦、增强三特性 推动职工联谊交友工作取得扎实成效

黑龙江省总工会从为龙江振兴聚人才、为现代化建设留人才的着力点出发，精准对接单身青年需求，积极搭建联谊交友平台，推动联谊交友工作取得扎实成效。

一是聚焦形势任务，增强婚恋交友时代性。坚持“有家即有根”的理念，在党组的重视下，将单身职工婚恋交友纳入重点工作，引导带动各市（地）合力打造“会聚良缘·爱在龙江”联谊交友品牌，采用“红娘手牵手”、“嘉宾信息播报”、“云上见见面”等功能模块设计活动，上下联动开展各具特色联谊交友活动。二是聚焦各方资源，增强婚恋交友系统性。利用地域优势、资源优势开展婚恋交友活动。采取与电视台婚恋热线合作、与驻地部队携手共建、借助职工服务站开通热线等，积极推动各级工会组织与专业机构、社会力量沟通联系，借助知名、爱心企业搭建阵地开展交友活动，营造良好社会氛围。三是聚焦真实需求，增强婚恋交友实效性。紧贴单身青年真实需求，采取线上 + 线下、培训 + 讲座等方式，探索建立区域性数字化交友服务模式，运用“云端联谊模式”搭建特色婚恋联谊交友平台，进一步提高婚恋交友的针对性和实效性。

# 上海市总工会女律师志愿服务团<br>用爱心守护女职工权益

2020 年 3 月，在上海市总工会指导下，来自上海市内各区不同律师事务所、富有公益精神的女律师组建上海市总工会女律师志愿服务团。团员中有深耕专业领域执业超过 30 年的“老法师”，也有充满激情勇于创新的中坚力量“90 后”。依据模块化的分工及配合，志愿团组建了案例组、法宣组、咨询组和调研组四支队伍。志愿团成员通过案例汇编、法治公开课、现场接待等多种方式开展普法宣传，抓住重点、热点、难点、痛点深入调研，积极建言献策，充分发挥女性更易共情、更善倾听的优势，设身处地、细致入微地帮助职工寻找到案件的突破点。

志愿团的服务工作有效提高了女职工的法律知晓度，让更多的女职工知法懂法、守法用法；引导用人单位规范人力资源管理，积极推动构建和谐劳动关系；促进女性劳动者维权意识不断增强。

# 江苏省总工会实施康乃馨服务计划<br>聚力解决女职工“急难愁盼”

针对母婴室普遍闲置的同时女职工专项服务阵地缺乏的状况，2021 年江苏省总工会提出服务女职工全周期理念，实施女职工康乃馨计划，建立康乃馨服务站，并在全省统一服务 LOGO，为女职工提供“就在身边”的一体化服务平台。

江苏各级工会加大力度为女职工办实事解难事，一是推动在女职工集中的区域、行业和用人单位建立康乃馨服务站，并实施“三亮”（亮牌子、亮身份、亮服务），使女职工看得见、找得到。二是省市县均成立康乃馨专家服务队，汇聚妇幼、心理、法律、赋能等专家 2500 多名，深入各康乃馨服务站为女职工送知识送健康送服务。省总工会连续三年为全省新增康乃馨服务站送专家服务 2300 多场。三是每年三月全省联动组织到“康乃馨服务站”过节。2024 年将突出女职工技术技能人才、新就业形态女性劳动者群体，推出赋能宣讲、专家面对面服务、特别关爱等系列服务。

目前，全省已建康乃馨服务站 2940 家，康乃馨专家志愿服务队 551 支，开展“专家面对面走基层”活动 8489 次，服务女职工 130 多万人次。

# 广东省总工会以“四化”模式持续推进女职工创新工作室建设

近年来，广东省总工会深入推进产业工人队伍建设改革，实施标准化建设、制度化规范、多元化支持、动态化管理“四化”工作模式，持续推进女职工创新工作室建设。截至 2023 年底，共选树省级女职工创新工作室 210 个，指导创建各地市、省级产业（系统）女职工创新工作室 525 个。

一是标准化建设。坚持有女领衔人、有创新工作团队、有工作平台、有技术攻关项目和工作制度、有创新成果等“五有”标准，通过整合资源推动创建工作标准化。二是制度化规范。研究制定命名管理工作暂行办法，对目标任务、评审条件、命名管理等方面作出明确要求。实行分级创建，推荐申报自下而上、逐级审核、择优命名。三是多元化支持。日常工作经费原则上由所在单位承担。广东省总工会给予工作室专项经费支持，经费专款专用。各级工会结合实际情况给予一定的配套资金支持。四是动态化管理。按五年为一个管理周期，对已命名的工作室进行复核。复核合格者，继续保留其称号，并再一次给予经费支持。在每年通知中明确要求不再符合“五有”条件的，将相应撤销其命名。

# 辽宁阜新市总工会数字赋能“两癌”筛查案例

辽宁省总工会探索数字赋能“两癌”筛查工作。2023 年 6 月，将开发“两癌”筛查数字平台纳入数字化工会建设总体规划，并指导有一定基础的阜新市总工会先行先试。按照省总工会“走进职工群众家里、走进职工群众群里、走进职工群众心里”维护职工合法权益、竭诚服务职工群众专项行动工作要求，阜新市总工会研发全新的数字赋能“两癌”筛查服务系统并投入使用。数字赋能女职工“两癌”筛查系统是基于市总工会服务平台下的独立管理系统，共分为四个端口（会员中心分发端、女职工端、医院端、市总工会端），目前已有 1110 名女职工通过此系统完成“两癌”筛查。

此系统实现了工作的“便捷性、保密性、安全性”。一是市总工会可通过系统随时查看体检报告上传数，及时掌握筛查情况；女职工通过手机即可查收体检结果，达到“让数据多跑路、职工少跑腿”的效果。二是体检结果仅本人可见，满足女职工对体检结果私密性的要求。三是筛查人数及筛查项目一目了然，保证了筛查资金的安全性。

数字赋能“两癌”筛查案例，是采用数字化方式开展女职工工作的有益尝试，实现个性化服务精准触达，更便捷智能，受到女职工热烈欢迎，为“互联网 +”工会普惠服务新模式积累了宝贵经验。

# 甘肃张掖市总工会探索“工会 +”特色托管模式破解职工子女假期“看护难”

职工有需求，工会有行动。张掖市各级工会组织携手各方力量，探索“工会 + 社区”、“工会 + 图书馆”、“工会 + 托管机构”等“工会 +”特色托管模式，破解职工假期“带娃”难题，在“幼有善育”方面展现了积极作为。

张掖市各级工会整合社区书画室、图书室等服务资源和大学生志愿者、社工、社区“五老”等人力资源，在全市 17 个社区建成职工子女托管班，把托管班办在职工“家门口”。依托省劳模张小燕创办的未来星儿童成长中心，采取“一中心多站点”模式，辐射联动民乐县辖区内乡镇、社区开办托管班，输送经过专业培训的志愿者服务团队到乡镇和社区带班，并针对孩子年龄和兴趣爱好设置动静相宜的课程，通过“托、管、教”并举，为孩子们提供优质的假期陪伴。此外，张掖市总工会还出台《标准化职工子女托管班建设管理办法》，明确了托管班的建设模式、建设标准及运行管理模式，对验收通过的托管班给予专项经费补助，确保托管班常办又“长伴”职工身边。据不完全统计，2024 年寒假，全省各级工会组织共开办托管班 93 期，托管职工子女 4700 余人。

# 全国工会
# 重点工作创新案例

（2024 年第 2 期）

# 一、思想政治引领

# 北京城建集团工会组建戏曲文化合唱队<br>探索思政新路径 增强职工文化自信

北京城建集团工会着力打造职工文化阵地，与国家京剧院联合开展京剧培训，组建职工戏曲文化合唱队，广泛开展戏曲教学、编排展演、文化交流等活动，引导职工汲取中华优秀传统文化精神力量，融入企业文化，促进岗位建功，为推进强国建设、民族复兴伟业贡献力量。

一是创新成立职工合唱队，接受中华优秀传统文化的滋养。自 2018 年起，职工戏曲文化合唱队多次走进社区、重点工程项目一线以及国旗班等开展慰问演出，参加媒体网络平台戏曲展演，与兄弟单位戏曲团体开展文化交流。5 年来，参加全国和省市大型活动 38 次，受众达 13 万人次。

二是结合岗位实际创作曲目，赞美劳动创造幸福的主旋律。职工合唱队坚持“学创演，思悟行”的思路，大力弘扬劳模精神、劳动精神、工匠精神。原创京剧作品《我是一个城建工人》、《新时代国匠风采》、《抗疫英雄 · 心愿》等曲目，唱响了新时代新征程岗位故事，反映了城建人诚信担当、感恩重义的精神面貌，赞美了劳动创造未来的主旋律。

三是不断丰富企业文化内涵，凝聚职工岗位建功的精气神。职工合唱队在编排《智取威虎山》、《穆桂英挂帅》等经典曲目过程中，注重引导职工领略京剧文化的魅力，感悟戏曲文化中蕴含的家国情怀、忠孝仁义、拼搏奉献等文化内涵。

# 山西省总工会打造特色宣讲载体<br>团结引导广大职工听党话、跟党走

近年来，山西省总工会始终把加强职工思想政治工作作为重要政治任务，全国首创挂牌“工会党的创新理论宣讲站（点）”，打造全覆盖建设、规范化运营、创新性拓展的工会理论宣讲“新引擎”，进一步推动职工思想政治工作走深、走实。

优化布局，构建全覆盖宣讲体系。2020 年至今，在全省建立省级工会党的创新理论宣讲示范站（点）400 家、宣讲员队伍 400 支，各级工会层层推动，不断拓展布点范围，打造宣讲站（点）2000 余个，推动阵地建设全面覆盖。站（点）建设优先选择在车间班组、楼宇园区、集贸市场等离职工最近的地方，真正把宣讲课堂搬到生产一线。

规范管理，不断提升服务水平。省总工会及时出台山西省工会党的创新理论宣讲示范站（点）、宣讲示范队伍两个办法，对站（点）及队伍的设立、运行、管理、考核进一步规范，同时深入调研、问需职工，灵活制定宣讲方案，开展菜单式宣讲活动，建立了长效化的工作机制。

创新融合，持续加强理论武装。深入开展争当“金牌宣讲员”、打造“精品宣讲课”活动，通过典型选树、典型交流、典型推广推动宣讲工作提质增效；推动理论宣讲入网入云，打造“云课堂”“微电影”24 小时“不断线”主题宣讲；深化载体赋能，全省先后涌现出“红细胞培养站”“职工曲艺文化园”“红色剧本杀”等特色宣讲品牌，进一步凝聚了高质量发展新动能。

# 辽宁鞍山市总工会开展文艺轻骑兵走基层活动 倾心打造工会宣传活动品牌

为深入实施职工群众思想政治引领建设工程，辽宁鞍山市总工会以“文艺 +”、“互联网 +”等形式常态化开展文艺轻骑兵走基层宣传宣讲活动，引导职工坚定不移听党话、跟党走。

一是精心组建演出队伍，打造工会红色文艺宣传宣讲轻骑兵。依托市演艺集团，组建由工会干部、专业职工演职人员、劳动模范、职业道德模范、新就业形态劳动者、职工文艺爱好者等构成的职工文艺演出队伍，以文艺轻骑兵的形式开展文艺宣传宣讲活动。

二是创新文艺宣传内容模式，不断满足职工多元化文化需求。积极探索“文艺 +”工会宣传模式，组织开展形势政策宣传教育，推进辽宁工会“三大专项行动”，以及广泛开展劳模工匠等先进人物典型事迹宣传宣讲，通过群众喜闻乐见的文艺形式，让文艺宣传宣讲更鲜活，更明白易懂，更富有感召力和凝聚力。

三是多层次组织演出活动，不断提高文艺宣传宣讲的覆盖面。精准对接不同企业、不同职工群体需求，采取“订单式”“点单式”的方式，把握关键时间节点，常态化组织开展文艺轻骑兵走基层系列演出活动。创新“互联网 +”工会宣传模式，利用全媒体平台，以直接直达的传播方式，进一步增强文艺轻骑兵活动的影响力，引导职工为打好打赢辽宁全面振兴新突破三年行动攻坚之年、攻坚之战贡献力量。

# 上海世纪出版集团工会以“原文诵读 + 实践感悟”模式深化青年职工理论学习

近年来，上海世纪出版集团工会坚持以党的创新理论武装职工、武装青年，通过建机制、抓落实、促长效，深入开展青年职工理论学习，着力打造特色化、立体式的青年职工理论学习宣传矩阵。成立了“世纪星火”青年职工读书会，推进 14 家直属单位成立青年职工理论学习组织，定期发布学习书单，举办“世纪新青年论坛”“世纪青年说”等系列活动，将理论学习落细落实，形成了一批青年职工理论学习品牌。并通过“世纪讲书人”职业技能大赛选拔一批优秀讲书人作为理论学习宣讲员，组建了世纪出版集团青年职工理论宣讲队。

在 2023 年举办的“坚持守正创新 打造传世精品”世纪出版集团青年职工理论学习分享会上，16 位宣讲队员以“原文诵读 + 实践感悟”模式，结合“世纪好书”阅读推广，把非遗精品现代化制作技艺搬上舞台，将诵学新思想与岗位实践、文化传承相结合，聚焦“青年职工学、青年职工做、青年职工讲、青年职工听”，持续引领职工学思想、强党性、重实践、建新功，活动受到广大青年职工的欢迎。

# 浙江宁波市总工会探索“123”模式<br>让产业工人思想政治教育基地“火”起来

2021 年，浙江宁波市总工会开启了产业工人思想政治教育基地选树工作，通过“123”模式进行了有益探索，目前已命名 60 家。

“1”是指建立一个全市产业工人思想政治教育基地联盟，每家基地每月轮流组织一次思想政治教育主题活动。“2”是指针对集体和个人，运用两个载体。载体一：红色走读。宁波市总工会结合全总“阅读经典好书 争当时代工匠”活动，以“阅读一本红色书籍、体验一次红色之旅、瞻仰一次革命先烈、参观一次红色展览、接受一次红色教育”为主题，每月组织职工前往基地进行红色走读研学活动。载体二：答题打卡。由 60 家基地根据自己展馆的内容，分别建立学习题库，在醒目位置设置答题二维码，以主题文创产品作为奖品，激发职工前往参观学习。“3”是指突出三个特点。一是上下联动。市、县、乡和企业等四级工会在开展红色教育时，都把产业工人思想政治教育基地列为首选场所。二是形式多样。通过基地联盟内部的比拼展示，各基地围绕职工需求，积极创设各类活动，有效丰富了红色教育的形式和载体。三是寓教于乐。红色走读、答题打卡、集章兑换礼品等，将红色教育寓于趣味活动之中。通过“123”模式，丰富了职工思政教育的形式和载体，也促进了基地参观职工数量的增长。2023 年，60 家基地的职工参观总量增长了 10%，产业工人思想政治教育基地成为了职工学习参观的“网红打卡地”。

# 山东济南市总工会多措并举<br>帮一线职工“圆梦”泉城

从 2020 年开始，山东济南市总工会探索开展一线职工“求学圆梦行动”，已累计为 13036 名职工发放工会补助 3100 余万元，带动全市每年超过 10 万名职工参与学历继续教育，项目连续两年被列入市政府为民办实事事项。

一是精心筹划构建多级联动工作格局。每年下发实施方案，制定奖补政策，安排补助资金，并将职工参与“求学圆梦行动”情况纳入年底考核。依托工人文化宫成立“求学圆梦”运营中心，在区、县工会阵地设立服务站，构建起覆盖全市的服务网络，形成市、县、乡镇、企业四级联动、共同推进的良好局面。

二是搭建平台整合资源服务职工教育。建立职工选学平台，争取 100 多个高校和服务机构入驻，涵盖专业 200 多个，形成“职工网上教育超市”。组建学习规划团队，帮助职工选择院校和专业，考前培训，追踪学习。打造工会补助申请审核平台，职工手机上传申补信息，各级工会逐级审核。职工一部手机就可享受“选学、报读、学习、申补”全周期“数字化”服务。

三是多措并举激发一线职工学习热情。设立服务专线、在线客服、咨询微信群，开展网络直播，在公交移动电视开设专栏，广泛开展“求学圆梦行动”公益宣传。成立志愿服务队，利用业余时间走进企业食堂、车间，讲政策、教操作、帮规划，累计行程 2.4 万公里，志愿宣讲 500 余场，覆盖企业 5800 余家。

# 广东省总工会选树产业工人思想政治工作示范点 让宣传教育阵地焕发新活力

广东省总工会开展选树产业工人思想政治工作示范点。一是选树示范，创新载体。厘清革命教育、特色展览、产业发展、基层示范四类对象，明确设施完善、内容丰富、制度健全、公益导向、示范效应五项标准，选树全总旧址等 25 个广东首批产业工人思想政治工作示范点，创新思政工作载体，发挥引领带动作用。二是深挖内涵，讲好故事。给每个示范点一次性 20 万元补助，鼓励各级工会根据实际补助，挖掘阵地资源，讲好奋斗故事，政府、工会官网及当地主流媒体报道转载。三是数字赋能，多元服务。制作情景党课，上线 VR 云展馆，随时随地 3D 全景参观，详阅工运史料。建立跨地域联展网络，举办主题活动，印发宣传册，志愿者多语言讲解，基本实现免费开放。

工作开展以来，选树省港大罢工纪念馆、苏兆征故居陈列馆等爱国主义教育基地，传承维护了广东百年红色工运资源。选树深圳华强北博物馆、揭阳玉器产业工人文化展馆、广东红星农场博物馆等奋斗史展馆，全面梳理了南粤产业工人奋斗历史。选树港珠澳大桥珠海口岸展厅、中国散裂中子源展厅等发展成就展厅，直观展现了改革开放和社会主义现代化建设新时期的伟大成就。

# 云南昆明市总工会创新打造音诗画职工思政课“奏响时代最强音”

为大力弘扬劳模精神、劳动精神、工匠精神，云南昆明市总工会创新打造了“奏响时代最强音”音诗画思政课。该课程以时代为经纬、文化为坐标、主题教育为方向，由一线职工、劳模工匠、职工文艺团队参与授课，通过电子管风琴（双排键）这一音色千变的乐器，以现场演奏 + 诗歌朗诵 + 歌曲演唱 + 音视频史料等表现方式，将主题教育内容融入一首首经典的红歌、朗诵作品、劳模故事中，现场视觉冲击力强，具有较好的代入感、参与感。让职工在回顾党史、新中国史、改革开放史、社会主义发展史的同时，接受一次艺术的熏陶与感染，借助一堂课即完成深化理想信念教育的目的，团结引导职工群众听党话、跟党走。

音诗画思政课创编以来，以请进来、走出去等方式，在文化宫等职工文化阵地和企业车间里，先后为省委网信办、省文旅厅、昆明市委组织部、云南机场集团开课四十余场次，收获各级党政及职工群众的认可。今后，音诗画思政课将坚持以习近平新时代中国特色社会主义思想为指导，不断充实内容和表现形式，持续探索课程的公益性、服务性、市场化、社会化的发展模式。

# 书香职工 讲书立德<br>陕西省总工会让阅读引领思想

陕西省总工会争取政策支持，将讲书活动成功纳入全省全民阅读工作部署，党政工合力推动活动在全省推广。充分利用工会线上线下文化阵地，在基层广泛开展“读书启智”“诵读领读引思想”等阅读学习活动。借助社会力量。与“樊登读书”合作，让其优势资源走进党政机关、工矿企业、车间班组开展讲书服务和指导。赛事展示成果。连续举办 2 届全省职工讲书人大赛，通过固定书目和自选书目比赛系统检验讲书活动成效。

全省工会开展活动 10000 余场次，覆盖职工 180 余万人次，遴选出一批以《习近平走进百姓家》、《态度：大国工匠和他们的时代》、《三秦楷模》为代表的优秀讲书项目，培育出一批优秀读书组织和讲书达人，讲书活动已被打造为陕西工会特色工作品牌，2023 年陕西省职工讲书人大赛被纳入全国职工书屋示范阅读活动，省总工会荣获“全国职工阅读活动优秀组织单位”。

# 宁夏回族自治区总工会创新建设“一地六园 N 点”新时代产业工人思想政治教育实践地

为不断提升新时代产业工人思想政治教育引领力，2023 年以来，宁夏回族自治区总工会创新打造“一地六园 N 点”新时代产业工人思想政治教育实践地。

实践地采取“一地六园”模式，主要打造思政园、文化园、劳模园、劳动园、工匠园、产改园和各具特色的实践点，以更加直观的方式，全景展示全区广大产业工人的拼搏精神和时代风采。经过不断沟通协调和反复调整修正，截至目前，思政园、文化园和劳模园已经相继建成并投入使用。劳动园、工匠园和产改园正在建设完善中。

实践地已经成为宣传、弘扬、传承劳模精神、劳动精神、工匠精神的教育基地，充分发挥了典型引路、汇聚人心、凝聚力量的引领作用，带动各市、县（区）建成劳动公园、劳模广场、工匠园、劳模林、劳模精神宣传长廊等 160 余处，在机场、火车站、医院、市民大厅等公共场所开通“劳模优先”绿色通道 50 多处，推动劳模工匠宣传走进基层、走进生活、走进职工群众，让“社会主义是干出来的”伟大号召不断焕发新的时代光芒，在全社会奏响劳动光荣、创造伟大的时代强音。

# 二、宣传传播

# 河北省总工会邀请“工匠”走进省政府新闻发布厅“讲故事”

2017 年以来，河北省总工会组织开展了“河北大工匠”寻访宣传活动，并邀请“工匠人物”走进河北省政府新闻发布厅，面向新闻媒体和全社会“讲工匠故事”。

一是积极探索创新。2017 年，出台《关于叫响做实“河北大工匠”品牌推选宣传系列活动实施方案》，产生 10 名首届“河北大工匠”。2020 年 4 月 28 日，10 名河北大工匠走进省政府新闻发布厅。二是完善制度机制。2020 年，联合省教育厅等五部门制发《河北大工匠年度人物寻访宣传活动方案》，对寻访条件、活动步骤、新闻发布等进一步规范和完善，明确每年“五一”前夕在省政府新闻发布厅集中发布。三是集中力量宣传报道。依托省政府新闻发布的力量，各级媒体合力宣传，相关报道被省委网信办选取，安排在全省全网推送。《河北日报》、河北新闻联播、长城新媒体、人民网、新华网推出系列专题专栏报道，省人民政府网站、央视网等媒体分别报道。

2020 年起至今，河北省在省政府新闻发布厅召开 4 次“河北大工匠”年度人物记者见面会，共 40 名河北大工匠面对 30 余家媒体讲述自己的工匠故事，以现场直播方式宣传发布，累计在线观看人数超千万，“河北大工匠”品牌越来越响亮，为培育更多能工巧匠营造了良好社会环境。

# 内蒙古赤峰市总工会深入推进“融媒体 + 工会”模式 打造立体宣传阵地

为切实推动工会宣传工作实现高质量发展，内蒙古赤峰市总工会从创新宣传模式的视野出发，探索工会融媒体建设，打造具有传播力、引导力、影响力、公信力的工会大宣传格局。

赤峰市总工会充分发挥宣传阵地作用，利用官方网站、微信公众号、视频号、短视频等宣传阵地开展了“劳模风采”“劳动创造幸福”“赤心筑梦”等专题宣传报道。在赤峰新闻开辟大型专栏《赤心筑梦——工会在行动》,《赤峰日报》开设《心系职工 会聚力量》工会专版，播发“县域劳动者风采”“高温下的 TA 们”“旗县级工会加强年”等接地气、具有代表性的专题版块，节目已累计播出 25 期，报纸刊发 15 期，在赤峰新闻官方抖音、快手号上同步展播，累计点击量达 10 万余次。为擦亮“工”字特色宣传品牌，市总工会与中工网合作，设立赤峰工会专区。市总工会推送中工网、草原客户端、央视网、人民网并登载播报宣传文稿 330 余篇，赤峰市总工会抖音、视频号发布 204 个小视频,《赤峰日报》、《红山晚报》等传统媒体宣传 30 余篇。拍摄《劳动创造幸福——五一劳模特别节目》、《中国梦·劳动美——五一劳动奖专栏》、《全国劳模大拜年》、《赤峰工匠》视频短片 21 部。

# 辽宁沈阳市总工会《劳动者》周刊成为工会“流动”宣传新平台

近年来，辽宁沈阳市总工会创新媒体宣传渠道，在沈阳地铁里推出《地铁第一时间·劳动者》周刊（以下简称《劳动者》），针对不同职工群体，实现流动式、面对面、点对点宣传，打造工会媒体宣传新平台。

一是依托地铁资源优势，打造流动的工会宣传站。2020 年 8 月 12 日，沈阳市总工会与沈阳日报社联合推出《劳动者》，每周一期，在沈阳地铁免费发行，以其特有的时效性为职工群众第一时间奉上精美、实用的“文化早餐”。

二是发挥流动宣传优势，让工会组织声音更响亮。沈阳地铁东边沿线连接沈阳黎明航发等大型企业；中间连通青年大街、铁西广场、中街、太原街等商业集散中心。发行的覆盖面、流动的深入性，直接关系到能否把党和工会的声音传得更开、更广、更深入，《劳动者》的流动式宣传传达了工会组织的声音，表达了工会会员的心声。

三是精准做好内容策划，强化工会宣传的引领力。《劳动者》设置工会新闻、职场热点、职工福利、好书推荐、劳模榜样等版面，呈现接地气、多样性、立体化的新特点，生动鲜活讲好劳模故事、劳动故事、工匠故事、新时代辽宁工运故事，奏响了咱们工人有力量的时代强音，同时与“沈阳 e 工会”微信公众号等新媒体平台联动，搭建工会“融媒体”平台，多媒体融合，不断提升工会宣传影响力。

# 展示班组文化 凝聚奋进力量<br>上海市总工会举办职工班组“全家福”<br>优秀摄影作品征集展

上海市总工会举办职工班组“全家福”优秀摄影作品征集暨展览，生动展现职工班组奋战在上海“五个中心”建设一线的精神风貌。

一是“上下”同频，以故事见精神。市总工会聚焦班组，联动全市 85 家区局（产业）工会，开展上海职工班组（团队）“全家福”摄影作品征集活动，共有 2367 个班组提交了 4478 张“全家福”照片，记录温馨时刻、定格拼搏画面，展示了班组文化、团队创意与职工风采。本次遴选入展的 118 幅优秀作品，以爱国、敬业、活力、创新、文明“全家福”为主线，生动讲述了最美一线班组在岗成才、实干圆梦的故事。

二是“内外”兼修，以展品照时代。展览创意设计多个打卡摄影场景，可以重温 20 世纪 80 年代工厂车间，可以一睹大国工匠王曙群劳模创新工作室风采，可以一起在龙年大吉的温馨氛围中再拍一张“全家福”，还可以参加集福互动环节，参观展览成为上海职工记录幸福团圆的重要方式。

三是“点面”结合，以行动践初心。展览创新宣传方式，邀请班组长走到展板前讲述“我的班组故事”，组织党员走到群众前讲解“我的策展故事”，以文化力量赋能班组建设。活动开展一月有余吸引 150 多个班组、近两万名职工，观福展、拍福照、集福章、赢福袋、聚福气。

# 内容“高颜值”叠加服务“高品质”<br>江苏工会微信平台做好“融”文章

江苏工会微信平台以“新闻 + 政务服务”，推动内容“高颜值”叠加服务“高品质”，关注人数达 162 万，为传统工会媒体争取网络阵地实现了自我突破。

一是深耕内容，资讯刷屏引流。依托《江苏工人报》采编力量，一体化策划、分众化实施，既有纸媒的“镇版”精品，也有屏媒“轻新活”刷屏之作。先后推出《听习近平总书记对劳动者的殷殷话语》有声海报、“看，新征程上的笑脸”摄影征集展播、《变美这事儿交给我》“她”时尚变装秀等特别策划。2024 年，已出现“10 万 +”新闻，阅读量过万的推文占总数 46.2%。二是强化互动，服务精准直达。从“编辑型”向“运营型”转变，展现工会重点工作项目，推动硬核内容柔性传播，一键跳转“江苏工会”App 普惠服务。聚焦垂直细分受众需求，增强粉丝黏性，全网关注“年轻人上夜校”话题后，江苏工会微信平台立刻推出各地职工夜校报名资讯，引发青年职工接力好评热议。三是聚力“营业”，直播有质有量。精心打造“职等你来”“心理健康大讲堂”等有流量有口碑的直播节目，场均受众 50 万人。深挖特色直播，做好定向投放，如“江苏职工宣讲员大赛”，借助比赛选手、线下观众、宣讲对象、联办单位、合作媒体多元宣传力量跨平台推介，观看人数超 200 万，实现直播流量向关注数量转变。

# 浙江省海港集团工会<br>打造“浙港之家·家满能量”网络直播间

浙江省海港集团工会适应职工“网络化生存”新常态，积极开辟和拓展网上宣传阵地。2021 年 6 月“浙港之家·家满能量”直播间正式开播，在广大职工和集团之间架起一座传递、沟通的桥梁。截至 2024 年 2 月初，共组织播出 261 期，观看人次达 52 万。

一是面向全体职工宣传和解读思想文化、政策文件、制度等。通过特邀相关专家与职工面对面聊天形式，营造轻松氛围，让思政教育宣传、政策解读更接地气，更深入职工群众。二是用访谈形式宣传劳模工匠，挖掘先进人物背后的故事，聊聊先进人物的成长足迹，立足本职岗位，弘扬“三个精神”，发现身边真善美。三是职工有话说环节，通过现场连线和邀请班组长、普通职工代表，深入职工群众，倾听职工们的合理诉求、合理化建议，同时联络相关部门解决职工关注的实际问题，切实关爱职工，提高企业凝聚力。

# 87 期《劳动者之窗》展示“咱们工人有力量”安徽足迹

从 2016 年 1 月开始，安徽省总工会在《安徽日报》开辟专栏《劳动者之窗》，每月刊发一期，至今连续刊发 87 期，长流水、不断线展示安徽工会组织的创新做法、工作成效、经验启示等，全方位、多角度展现安徽劳动者的精神风貌，唱响主旋律、弘扬正能量，汇聚起奋进新征程、建功新时代的磅礴力量。

用心采编，工会亮点重点成为新闻点。该专栏紧紧围绕全省工会组织工作成效、创新举措、亮点品牌，紧跟工会重点工作和社会热点，采用图文并茂半版形式，用心用情用力擦亮工会服务品牌。8 年如一日聚焦工会，专版专栏关注劳动者，大力弘扬劳模精神、劳动精神、工匠精神，成为安徽工会组织展示思想引领、建功立业、维权服务、自身建设等主责主业成效的主阵地。

用力传播，综合运用融媒体平台推介。《劳动者之窗》综合运用安徽新闻网门户网站、安徽日报 App、公众号、视频号、抖音号等融媒体平台推介，覆盖各类受众群体，加大宣传力度，形成矩阵传播格局，营造强大舆论声势。特别是在“五一”国际劳动节、“十一”国庆节等重要时间节点，该专栏积极策划、精心组织、全力推进，通过拍摄劳动者故事小视频、访谈劳模工匠嘉宾等，坚持分众化、差异化、精准化传播，展示工会形象，传播工会声音，展示“咱们工人有力量”安徽足迹。

# 江西省总工会原创 MV《追赶时钟》礼赞新就业形态劳动者

为致敬新就业形态劳动者，江西省总工会面向社会广泛征集“新就业形态劳动者”主题歌曲，从 46 首选送歌曲中精选出《追赶时钟》，用充满动感的旋律生动展现新就业形态劳动者追逐梦想、勇毅拼搏的精神风采。历时 1 个月，精心捕捉快递小哥、外卖员、网络主播等新就业形态劳动者奋斗瞬间，用最朴实的镜头，讲述“劳动美”的故事，最终形成了 MV《追赶时钟》。

MV 先后在江西省总工会公众号、视频号、官网以及江西音乐广播微信公众号上进行展播，江西广播电台早高峰期间更是连续播放 61 天，得到社会尤其是新就业形态劳动者高度评价。在全总文工团来赣慰问演出、江西省总工会开展“四送”活动以及文艺下基层期间，将《追赶时钟》搬上舞台，让广大劳动者感受“劳动美”的魅力，推动全社会热爱劳动、尊重劳动、崇尚劳动，让劳动创造幸福焕发时代价值。

# 湖南长沙市总工会开展“情暖职工 爱在工会”关爱服务政策集中宣传推介

湖南长沙市总工会按照“服务化、体系化、品牌化、创新化、数字化”要求，通过前期讨论论证和各方资源整合，于 2024 年 1 月 26 日起实施“情暖职工 爱在工会”关爱服务政策集中宣传推介项目，吸引人民网、中新网、新华网、《工人日报》、《湖南日报》等 19 家媒体关注报道，总阅读量近 400 万人次。

针对以往工会关爱服务政策分散、宣传推介不系统、社会知晓度有待提升等情况，此次项目创新宣传载体、方式与手段。一是体系化设计。全面梳理与职工入会、维权、成长、生活等密切相关的工会普惠性关爱服务政策，制作通俗易懂的宣传手册、海报、动画短片等，同步形成数字版本，“扫码”即可了解服务流程。二是多维度宣传。通过举办新闻推介会、媒体报道、投放电梯广告、工会新媒体平台推送、服务阵地发放资料等，宣传海报和动画短片在 240 多个商务楼宇、居民小区 2000 余台电梯投放，曝光量达 1362 万人次，形成浩大宣传声势。三是送政策上门。组织工会干部开展培训，提升政策宣传水平。结合“冬送温暖”，在全市工会开展“送温暖、送政策”活动 100 余场，在全市工会驿站、职工服务中心实现全覆盖，将关爱服务政策送到职工身边。

# 四川省总工会承办 2023 年“大国工匠年度人物”发布活动取得积极宣传成效

2023 年“大国工匠年度人物”发布活动揭晓了 10 位 2023 年“大国工匠年度人物”和 40 位提名人选。四川省总工会作为本次活动的承办单位，把握宣传节点、抓住宣传热点、打造宣传亮点，迅速掀起收听收看、学习劳模争当工匠的社会热潮。

突出特色化，深度融合四川元素。为承办好发布活动，首次制作吉祥物、发布工匠打卡线路，吉祥物工匠熊猫——工宝设计充分用好熊猫形象，生动展现四川职工群众“撸起袖子加油干”的形象。工匠打卡点三星堆博物馆、成飞航空主题教育基地、国家超算成都中心等地，充分融合四川本土特色，充分蕴含四川工匠文化。

注重丰富性，配合做好流程创新。创新设计红毯盛典，礼遇工匠、致敬匠心，50 位“大国工匠年度人物”入围人选身着工装，以自信之姿亮相红毯，一展昂扬精气神。创新制作大国工匠主题歌曲，并在央视新媒体等平台隆重推出。加强匠人匠心互动，邀请本地非遗雕刻师为大国工匠送上木刻版画人物肖像。

把握时度效，持续掀起宣传高潮。第一时间组织集中宣传，在《四川日报》、四川电视台、《四川工人日报》、四川工会微信公众号等宣传平台发稿 20 条（次），配合全国总工会在央视新闻客户端、《工人日报》、中工网等媒体发稿 28 条（次），制作宣传报道合辑 1 期，打造了联动宣传的热烈氛围。

# 三、劳动和技能竞赛

# 黑龙江省总工会打造“五个百万”竞赛品牌为振兴发展注入强大动力

黑龙江省总工会以全省“五个百万”职工劳动和技能竞赛为突破口，通过筑“赛道”、搭“平台”，加快培养“高精尖”技能人才，助力龙江振兴发展。竞赛突出顶层设计，实现制度性突破。省政府办公厅印发竞赛实施意见，成立省劳动和技能竞赛委员会，构建全省“大竞赛”格局。省总工会建立竞赛数据库，动态掌握竞赛进展情况。围绕重点领域、重大工程、重点项目，深入开展百万职工劳动竞赛。

4 年来，打造全国、省级示范引领性竞赛项目 22 个。聚焦构建“4567”现代产业体系，开展百万职工技能竞赛，数字产业、装备制造、冰雪体育等特色竞赛，带动产业工人技能水平整体提升；开展百万职工“五小”创新竞赛，奖励“五小”成果 3000 项，选树职工十大科技创新能手、十大科技创新成果、十大先进操作法；深化节能减排和“安康杯”竞赛，推动重点行业重要领域低碳、绿色、安全发展。通过筑“赛道”、搭“平台”，加快培养“高精尖”技能人才，促进人才成果、技术成果、经济成果、生态成果、安全成果充分显现，为振兴发展注入强大动力。

# 上海市总工会举办长三角信创成果大赛推动新兴产业创新发展

上海市总工会会同苏浙皖总工会，联合经信、科技等部门，依托上海计算机软件技术开发中心以及苏浙皖信创部门或行业协会等，聚焦“2+8+N”信创产业体系及区域重点产业需求，共同举办竞赛。竞赛以应用案例成果方案赛、路演等方式组织竞技，集中展现推动信息技术应用标准普及、技术突破、业务场景深度融合的创新成果。活动覆盖千余家长三角地区信创企业和万余名信创高水平人才，推动扩大新兴产业竞赛覆盖面。

通过竞赛活动，推动沪苏浙皖信创工委会及相关行业协会共同成立长三角信创联盟，覆盖企业 5000 余家。联盟将形成固定的协同沟通工作机制，共同加强信创适配技术的研究、推动信创技术在各行业的深入应用、分享信创应用实践的优秀案例、协同构建长三角信创行业的良好生态。通过多地专业部门协同参与，有效提升了竞赛的专业化水平。同时，通过多赛道设置，推动传统领域和新兴领域信创项目同台展示，交流互动，促进职工岗位创新，不断扩大竞赛成效。

# 四川省总工会开展互联网营销师大赛拥抱直播电商新机遇

为促进新就业形态劳动者群体素质提升，推动新时代互联网营销行业从业人员队伍建设，围绕直播电商带来的新机遇，助力四川省乡村振兴和“川字号”品牌相关产业发展壮大，四川省总工会牵头联合省委网信办、经济和信息化厅、人力资源和社会保障厅、商务厅等部门创新开展四川省“天府有好货，我来当主播”互联网营销师大赛。大赛报名选手超过 8.6 万人，报名商家超过 2000 家，参与线上培训超过 113 万人次，总销售额 2.09 亿元，选手成单数超 188 万单，选手场观看人次超过 1.8 亿，社会反响良好。

为保障大赛顺利进行，赛事主办方搭建了大赛专属微信小程序，功能包含选手和商家报名、成绩公示、线上培训、赛事信息公示等，为选手和商家提供了便捷参与渠道，也实现了对大赛的全程监管。同时，利用第三方交易平台助力大赛专业开展。大赛充分利用淘宝平台建仓、选品及货品溯源，通过平台进行销售额、成单量的直播带货比赛。平台定期展示销售额、成单量成绩，在避免销售纠纷的同时，确保了大赛的公开、公平、公正。

# 青海省总工会成功承办首届全国拉面技能大赛助推拉面产业高质量发展

由中华全国总工会、青海省人民政府指导，中国财贸轻纺烟草工会、中国烹饪协会主办，青海省总工会和海东市人民政府联合承办的首届全国拉面技能大赛于 2023 年 10 月在青海省海东市成功举办。大赛以“提升技能水平，发展拉面产业”为主题，制定了大赛实施方案、执行方案和工作方案，印发了 98 项重点工作任务清单，实现了对全国 31 个省（自治区、直辖市）全覆盖。

大赛邀请省内外专家制定项目标准和评判细则，确定比赛项目和评分标准，解决了大赛关键性技术问题；在全国选派正副裁判长 3 人、国家级专业裁判 18 名，确保了公正执裁；制作推送短视频 19 条，邀请中央和省级 15 家主流媒体 60 余名记者，对赛事活动进行全方位报道，刊发大赛报道 230 余条，总播放浏览量达 400 多万。来自 31 个省（自治区、直辖市）的 71 支代表队 212 名选手和 21 名裁判员参加。18 名选手获得比赛项目金、银、铜奖，47 个单位获得优秀组织奖。

通过大赛，有力宣传了拉面产业，提升了拉面品牌形象。极大鼓舞了广大拉面人发展拉面产业的信心，为全面打造高素质拉面产业工人队伍奠定了基础。

# 江苏徐州市总工会开展“四赛”活动 促进工程机械产业高质量发展

江苏徐州市总工会围绕“工业立市、产业强市”发展战略，开展大型智能装备产业集群工程“四赛”（信息安全保障、战略及重大项目执行、核心系统运维、人才能力培养）主题劳动竞赛。全市 31 家单位、3 万余名职工积极参与到劳动竞赛中，参与率达 97.86%。

组建工程机械行业劳模创新工作室联盟，18 家劳模创新工作室开展协同创新、人才培养活动 16 场，转化开发国家级标准 11 个，惠及行业产业工人 2.5 万人；成功创建国家智能制造试点示范项目 4 个，省级以上智能工厂 10 家、智能车间 35 个；开展钳工、ProE 机械设计等 28 个工种技能竞赛 39 场，5 名职工获得“江苏技能状元”“江苏工匠”称号，4 名职工获得“全国技术能手”称号。

建立健全党建 + 竞赛体系，引导广大职工党员在技术创新、助推发展、固本强基上争当先锋；深化“六型”班组建设，加强班组长培养，把班组建设成职工岗位创新、岗位成才、岗位奉献的坚实平台；发挥“工匠学院”作用，深度推进企校一体、产教融合，40 余家企业开展工业机器人、智能制造等专业学生定制培养和企业新型学徒制培养，为竞赛人才梯队建设奠定良好基础。

# 浙江温州市总工会创新打造智慧竞赛应用<br>塑造产业工人中的技能明星

浙江温州市总工会创新建设“数字评判 + 互动展示 + 多元评价”系统，打造“线上 + 线下”相融合的数字化技能竞赛新模式，完成温州市基础性科研项目 1 项，获得软著权 9 个。

一是打造智能化竞赛模式，推动技能竞赛从封闭到开放。开发赛事动态展示系统，应用数据可视化技术，以电子竞技形式低延时、全方位展示整体赛况和竞技过程。二是打造跨区域竞赛模式，推动竞赛线上、线下相结合。开发智能裁判系统，应用 5G 技术，突破赛场间的地域和时间限制，举办 2020 年长三角二十城电工跨区域闯关赛，实现跨区域云竞赛。三是打造交互式竞赛模式，推动竞赛从精英选拔向明星塑造转变。建设“云上竞技”平台加“赛事直播、嘉宾解说、观众互动”的“1+3”赛事传播矩阵。举办 2022 年全国行业职业技能竞赛——机械行业首届工业机器人系统运维员职业技能竞赛，17 省 26 市 77 名选手参赛，约 20 万人次线上观赛。

目前已应用于全国、长三角、省、市各级大赛，获央视、推进产业工人队伍建设改革协调小组专报报道，累计获全国媒体报道 28 次。调查显示，对比传统竞赛模式，在公平性、认可度、对蓝领工人社会地位提升作用和对个人职业发展实效性四个维度的评价显著提升。

# 中国财贸轻纺烟草工会紧扣劳动竞赛点线面做实建功立业新载体

中国财贸轻纺烟草工会与中国纺织工业联合会联合举办纺织行业数字化转型劳动竞赛，聚焦数字化转型发展实践、关键技术研发应用、数字化公共服务等内容广泛组织开展劳动竞赛。

该竞赛纳入全总“十四五”引领性劳动和技能竞赛项目库。数字技术是提升制造业全要素生产率和推动制造业高质量发展的新引擎。纺织业是 2021 年工信部“5G+ 工业互联网”重点实践的试点行业。通过竞赛，发掘选树 67 个与数字化平台、智能生产线、共享制造、按需智造、柔性生产相关的数字化转型成功实践和典型案例。

劳动竞赛提质增效紧扣“点线面”做文章。紧抓以职工为中心这个基点。充分发挥职工在劳动竞赛中的主体作用，将合理化建议、技术革新、技术攻关等情况的数量和效果作为竞赛成果的重要评价要素，职工参与和贡献评分比重占 30%。紧抓服务行业高质量发展这条主线。推动劳动竞赛从“速度型”“体力型”向“数字型”“智能型”转变，打造“当好主人翁、建功新时代”新载体，使产业工会工作与行业发展同频共振。紧抓竞赛组织参与覆盖面。整合工会协会双主体、行业地方双维度资源，努力使竞赛横向到边、纵向到底，扩大竞赛的企业覆盖率和职工知晓度。

# 天津石油化工公司工会开展“五比三创”劳动竞赛助推天津南港乙烯项目高质量建设

天津石油化工公司工会开展“比安全环保、比工程质量、比工程进度、比文明施工、比廉洁建设，创安全工程、创精品工程、创标杆工程”的“五比三创”劳动竞赛，实行项目建设与劳动竞赛同步实施、同步考核，着力打造“朝阳工匠”“现场应急”等技能竞赛品牌，评选出了“十大”劳模、“双十”标兵、“双百”先进，走上星光大道、闪耀南港工地。100 余个建设者爱心休憩驿站、综合服务站、医疗救护站，布点南港项目建设现场，服务百路参建大军。“最美劳动者、唱响新时代”等慰问演出鼓舞士气、激励干劲。坚持重大里程碑节点“送一碗红烧肉”，推出 1 元主食管饱、无限续面、小商品 9 折优惠等服务套餐。

竞赛覆盖全部 50 余家参建单位 2 万余名员工，助推项目实现连续安全人工时超过 6000 万，创同类大型工程建设项目安全佳绩。凝聚广大参建人员智慧的 100 余项工法、技术、管理创新不断涌现。

# 安徽出版集团工会以高水平劳动和技能竞赛助推企业高质量发展

安徽出版集团工会以“创新引领、提高素质、面向基层、共建共享”理念，打造“三全”大赛，即从业人员全覆盖、出版主要环节全覆盖、专家评审团队全程参与。精心设计编校、营销（说书和码堆）、设计和书影创意四项技能竞赛，做到月月有竞赛、重要赛事有特色。如说书大赛“精彩解读 100 本皖版书”，为好书找读者。大力宣传技能竞赛利好政策，掀起员工赛训结合、切磋技艺的热潮。

比学赶超、争创一流在集团蔚然成风，业务精湛、作风优良的出版人才脱颖而出。由竞赛获奖选手组成的安徽代表队荣获全国报刊编校技能大赛第一名；5 人荣获“安徽省五一劳动奖章”“江淮名家”等称号；近 30 人获评高级职称。依托工会平台实施“打造书香机关 推进全民阅读”活动，竞赛成果快速转化为实际生产力。利用央媒及省级各类媒体形成强势宣传矩阵，大力讲好竞赛故事，宣传典型事迹，营造浓厚竞赛氛围。充分发挥劳动和技能竞赛作为激发广大职工创新创造热情的重要载体作用，实现社会效益、经济效益双丰收。

# 四、发挥劳模工匠作用

# 广西壮族自治区总工会构建“全链条”技能人才形成体系 打造新时代工匠人才高地

广西壮族自治区总工会建立“阔入口”机制，打造“1+10+100”人才培养基地体系。制定印发工匠学院（校）建设管理实施办法。“十四五”时期在全区至少建设 1 所自治区级工匠学院、10 所市级工匠学院、100 所工匠学校。构建经费保障机制，给予自治区级、市级工匠学院经费补助。

建立“树标杆”机制，打造“广西工匠”选树体系。与科技、工信、人社部门联合制定工匠选树办法，明确选树原则、选树对象、选树程序及退出机制。出台推荐选树工作规范，以标准文件形式对推荐选树工作进行全流程标准化管理。选树命名“广西工匠”195 名，“大国工匠”实现零的突破。建立“作贡献”机制，打造工匠人才发挥作用平台。建立领衔创新机制、劳模和工匠人才创新工作室联盟建设机制、成果转化机制，举办首届广西工匠暨劳模职工创新交流大会。

# 贵州省总工会打造劳模工匠主题地铁车站

2024 年 1 月 18 日，贵州省总工会打造的劳模工匠主题地铁车站正式亮相。地铁站内，曾经的广告位置变成了弘扬劳模工匠事迹的宣传灯箱，站内立柱也焕然一新，张贴起了“致敬劳模工匠”的标语……宣传灯箱展列的人物里，有贵州人耳熟能详的黄大发、余留芬、毛腊生、张胜林、卢兴福等劳模工匠代表，也有贵州省第一届职工职业技能大赛 15 个赛项金牌选手。站厅内 24 个灯箱上记录了劳模工匠们的感人事迹，也记录了他们穿着工装、神采奕奕的样子。

为了营造满满的“仪式感”，在劳模工匠主题地铁车站正式亮相当天，贵州省总工会对 2023 年贵州省第一届职工职业技能大赛 15 个赛项金牌获得者颁发“贵州省五一劳动奖章”，并特地安排了一趟“劳模工匠”专列，邀请多位劳模工匠走进地铁车站，在体验贵阳地铁 3 号线建设成果的同时，劳模工匠们也可以近距离地看看独属于自己的那一个灯箱。

地铁站是宣传工作一个很好的载体，“地铁站 + 劳模工匠”主题的碰撞，是贵州省总工会对“弘扬劳模精神、劳动精神、工匠精神，致敬劳模工匠”的一次很好的探索与尝试。截至 2024 年 1 月 31 日，全国共有 266 家媒体进行转发。中国新闻网、人民网、《工人日报》、《贵州日报》、今日头条等媒体平台对此予以关注。

# 河北保定市总工会开展首届保定工匠活动周叫响工匠人才培育的工会品牌

2023 年 12 月，河北保定市总工会主办，保定工匠学院承办了首届保定工匠活动周。活动周围绕保定市“7+18+N”现代产业体系，以“工匠之城、技能强市”为主题，举办了启动仪式、第二届“保定工匠”命名、数字工匠技能大赛、工匠技能人才和创新工作室成果展演、工匠论坛百家谈沙龙、线上培训等 20 项活动，打造工匠交流合作、集中展示、技能提升的坚实平台。

各级新闻媒体宣传报道 50 多篇，线上访问人次 150 万，互动量 60.7 万。线下 10522 家企业，10000 余名工匠、技能人才积极响应参与，丰富了工匠技能展示形式，延伸了职工观展广度，掀起了职工技能素质提升热潮，形成职工群众广泛参与、各级工会协调联动、线上线下齐准发力的良好局面。

# 黑龙江哈尔滨市总工会开展“劳模示范岗”活动掀起奋斗热潮

为发挥劳模群体的先锋模范和示范引领作用，激励广大职工群众勇立新功，2023 年 10 月以来，黑龙江哈尔滨市总工会在全市开展以亮身份、当先锋、做示范、建新功为主题的“劳模示范岗”活动，为 1564 名劳模定制“劳模示范岗”标牌，达到在职劳模全覆盖。

哈尔滨市各级工会开展各种形式的标识颁授仪式，通过举行授牌仪式、座谈会、送工作标牌到岗位等形式，让“劳模示范岗”进车间班组、进街道社区、进服务窗口、进项目工地，让劳模的身份和底色亮出来，进一步激发劳模立足岗位，发挥示范带动作用。劳模“担纲领衔”示范岗，极大激发职工创新创效动力。活动开展以来，职工提出合理化建议 1.2 万余条，取得“五小”创新成果 820 余项，创造经济效益 1.5 亿多元。通过“劳模示范岗”，让每个劳模点位都成为一面旗帜，让广大职工学有榜样、赶有方向。

# 云南中烟施伟策公司工会“靶向”培养创新型技能人才

中烟施伟策公司工会深化“五小”创新活动，大力推行“合理化建议”和“一点课程”活动，每季度评选一次，并给予每项最高 1500 元奖励，鼓励员工提出改进公司质量、安全、生产工艺、节约成本、提高工作效率等方面的办法措施。截至目前，共提出“合理化建议”5671 项，完成率达 92.73%，人均提案数 9.21 项，比上一年度提高 0.95 项。

搭建 CTS 李洪杰技师工作站、张文军玉溪工匠工作室等创新平台，发挥高技能领军人才在带徒传技、技能攻关等方面的重要作用，累计实施科技成果转化项目 20 项，形成 16 项发明专利证书，获云南省科学技术进步奖 2 项、玉溪市创新成果奖 3 项；研发中心 2022 年累计获授权专利 33 件，在国内外期刊上发表科技论文 62 篇，提报并被受理国际 PCT 专利 2 件。

公司将产改工作纳入重要议事日程，将创新创造放到企业发展重要位置，在职工创新成果、小发明、小创造等方面给予资金支持，激励职工在岗位上大胆探索、创新创效，以强有力的“顶层设计”助推改革步入“快车道”。

# 五、产业工人队伍建设改革

# 四川大力实施深化产改“千企行动”夯实企业推动改革主体作用

2022年以来，四川省大力实施深化产改“千企行动”，以大型国有企业、头部企业、上市公司、专精特新企业为重点，分批次遴选确定1000家重点企业，引导入库企业切实发挥推进改革主体作用。改革路径上，按阶段分类推进：导入期重点是开展职工大讨论，重点推进1至2项务实管用的改革举措落地；深化期重点是在企业内达成改革共识，因地制宜每年推进3至5项改革任务落实；巩固提升期重点是不断固化优化企业改革制度机制，建立健全企业推进产改长效机制。

目前，已入库企业达865家，其中省总工会直接联系指导100家，产改工作在企业呈现出全面铺开、多点开花、整体推进的良好局面。

# 山东滨州市总工会创建“产改在线”平台加强产改数字化管理

山东滨州市总工会创建“产改在线”平台，突破了产改各成员单位分工不明、责任不清、配合不足等制约瓶颈，将目标任务点对点、靶向性分配到责任单位，实现了多维度分析、定性定量数字化管理。

一是牵头抓总，协同联动。全面贯彻落实新时期产业工人队伍建设改革方案要求，将工作任务细分为 6 大类、25 小类、共 110 个子类；打造“任务管理—事项分解—工作上报—进度监测—业务监督”5 要素全流程闭环式链条，构筑起产改工作一体化推进体系；平台用户涵盖市直及各县、市、区共 11 个行政区划，共 463 个产改相关责任单位，有效覆盖产改各项工作范围。二是公开透明，业务监督。将划分到各个责任单位的任务进展情况实行定期追踪、研判，强化日常进度调度工作，定期通报；对产改重点工作任务的事项和单位进行亮灯管理，使产改工作变被动为主动。

# 浙江杭州拱墅区总工会做优“三大平台”打造产改新样板

一是优化建功平台，促进职工技能提升。紧盯数字经济、生物医药等产业，为各领域工匠搭建揭榜比拼、技术创新的平台，营造利于技能人才脱颖而出的良好环境。2023 年，开展职工技能竞赛 121 项，推动实现以赛促训、以赛促评、以赛促建，营造技能成才的良好氛围。2023 年，遴选表彰 20 名“拱墅工匠”、5 名“拱墅工匠”提名奖、3 名“拱墅新锐工匠”，涵盖数字经济、生命健康、非遗传承等各领域技能人才。

二是整合培训平台，促进产才融合。采取“人社 +”联合培训、“基地 +”普惠培训、“需求 +”精准培训方式，结合职工多元化需求，用好区总工会职工素质提升基地，优选 10 家社会机构 51 个课程，形成课程清单，通过“订单式”培训，送课服务进基层。2023 年有 88 家单位预约课程，惠及职工 3085 人。

三是依托政策平台，打造引才育才良好环境。2023 年拱墅区委人才办和区总工会立足企业所需、职工所需，联合出台了智汇运河八条、外创新十条，从住房保障、子女就学等多个方面，推出针对性的扶持政策和配套支持，举办“运创集训营”，为人才发展提供全周期全要素服务。2023 年一对一服务人才企业 172 家次，营造拴心留人环境，助力职工和企业共富发展。

# 上海东富龙集团突出价值贡献建立多维薪酬体系

上海东富龙科技集团股份有限公司以产业工人价值贡献、企业战略和行业发展为关键维度，建立了促进职工与企业“双提升”的薪酬体系。

一是发挥高技能人才示范效应。每年 9 月结合质量建设月，开展职工技能竞赛，推选获奖者成为新员工实操带教师傅，发放课时津贴。竞赛表现优秀职工额外上调年度薪资。二是突出技能提升的价值贡献。一方面，鼓励全体职工参加社会层面的职业资格等级考试，对取得证书的职工上调年度薪资；另一方面，为企业发展所需的各类技术技能工种设立等级制度，制定等级标准，每半年组织职工开展一次等级测评，对测评合格的职工给予奖励。

该薪酬体系充分调动了一线产业工人提升技术技能的热情和积极性，形成了公平公正、有效提升竞争力的薪酬激励机制，为东富龙集团的高质量发展提供了人才支撑。

# 湖南晓光汽车模具公司创新产教融合模式<br>促进产业工人技能提升

湖南晓光汽车模具公司借鉴“双元制”职教模式，坚持人才自主培养，创办工匠学院，与 28 所院校建立产教融合机制，开发完整课程体系；建立实习基地，每年为 6000 余人次提供见习、实习机会；搭建公共实训平台，与园区共建“长沙智能制造技能实训中心”，整合职教资源，联合产业链主导企业、职业院校，建立“政、行、企、校”终身职业教育生态联盟，精准培养技能人才。

公司承办集训竞赛 20 余场，服务企业 260 余家，每年为园区“一主一特”主导产业提供职工技能提升培训 2000 余人次，服务专业技能人才超万人。与雨花经开区 10 家主导产业链主导企业、长株潭 10 所职业院校组建“终身职业教育生态联盟”，开设首批“国际高级双师培训班”，为 55 名院校老师和企业骨干人员颁发“双元制”双师资格证书，成为区域汽车模具行业培训“标杆”。

# 河南中信重工以产业工人力量擦亮“中国制造”品牌

中信重工认真落实产业工人队伍建设改革部署要求，打造高素质技能人才队伍，以产业工人力量擦亮“中国制造”品牌。

强化思想引领。打造开放性现场教育基地，激励产业工人团结奋进、开拓创新。注重发挥焦裕禄精神诞生地、传承地、弘扬地的优势，积淀形成一线工人践行焦裕禄精神贯标体系。制定践行工匠精神实施细则，将工匠精神纳入企业文化建设体系。

健全激励体系。实施“金蓝领工程”，设置初级工、中级工、高级工、技师、高级技师、大工匠 6 个技能等级，设立金蓝领技能津贴，大工匠每月发放 5000 元技能工资，技术工人承担创新课题期间，每月发放 500 元 ~ 2000 元津贴。推行新型学徒制，完善师傅选拔标准、徒弟培养计划、考核激励措施等，师徒每人每月发放 800 元津贴。推行首席员工制度，评聘首席员工近 1000 人，每月发放 300 元津贴，金牌首席员工每月发放 500 元津贴。

搭建成长平台。围绕“安全、质量、效率、降本、文明”五个维度创建“五星班组”60 个、单项之星班组 373 个。依托中信重工大学、浙江大学等，开设覆盖企业生产全流程培训课程。创建 22 个劳模工匠创新工作室，开展攻关 3311 次，完成课题 443 项，申报专利 10 余项，创效 3.2 亿元。

# 云南通威高纯晶硅有限公司创新“456”工作法 打造世界一流“绿色能源牌”

云南通威高纯晶硅有限公司开辟 4 条产业工人晋升路线：操作技工评定路线、管理路线、专业路线、职能序列晋升路线；建立 5 级技术创新激励机制，A 级奖励 500 元、B 级奖励 400 元、C 级奖励 250 元、D 级奖励 150 元、E 级奖励 100 元；实施 6 个产业工人阶段培训，第一、二阶段理论文化学习，第三、四阶段师傅做徒弟看，第五阶段徒弟模拟操作师傅看，第六阶段徒弟做师傅管。操作序列培养技工 493 人，技术序列培养技术员、助理工程师、工程师、高工、主任工程师 199 人，管理序列培养储备班长、班长 125 人、工段长 37 人；2023 年采集合理化建议 2.8 万条，合计奖励金额 18.54 万元，创造效益 6346.18 万元；2023 年累计培训时间 5.8 万小时，参训 8.8 万人次，签订师徒协议 1104 份。

# 六、“四技”、“五小”、“两比”

# 安徽省总工会开展“三金”竞赛 着力打造职工创新“全生命周期”服务

安徽省总工会开展“金点子”竞赛，厚植创新“孕育”土壤。广泛开展以小发明、小创造、小革新、小设计、小建议为主要内容的职工创新“金点子”竞赛，有效提升管理水平、优化作业流程、提高工作效率。开展“金项目”竞赛，加大创新“成长”支持。创建劳模工匠创新工作室，对省级创新工作室给予 5 万元的资金支持；印发《职工创新补助资金管理暂行办法》，区分重大项目和一般项目，对一线职工开展的创新活动分别给予 10 万元和 5 万元的经费补助。开展“金成果”竞赛，实现创新“果实”奖励。开展职工技术创新成果评选，对获得一、二、三等奖的成果分别给予 20 万元、10 万元、5 万元的奖励；对获奖“金成果”牵头人，择优授予“安徽省五一劳动奖章”。竞赛累计奖励 200 万元，有 7 名牵头人被授予“安徽省五一劳动奖章”。

近年来，全省近 1.6 万家企业、187 万名职工参与竞赛，累计征集“金点子”2229 项，累计选树 266 家省劳模工匠创新工作室，支持职工创新“金项目”。安徽省总工会通过给政策、搭平台、活机制，在助推科技创新的“赛道”上跑出职工创新“加速度”。

# 凝聚职工“五小”力量 助推企业创新发展
# 辽宁锦州市总工会持续发力落实“双服务”

2016 年起，辽宁锦州市总工会连续八年常态化开展职工“五小”成果评比活动。一是扩展活动覆盖，坚持普惠评比。大力宣传，动员更多的职工积极参加，职工创新项目涉及安全生产、提质增效、创新技术、节能减排各个方面。二是制定评分细则，坚持标准评比。市总工会精心研究制定了职工“五小”成果评分细则，从创新性、实用性、应用效果、推广前景四个方面对申报项目进行综合评价。三是增设路演环节，坚持规范评比。市总工会坚持纸质初评和现场终评的两道评审程序，特别是在现场终评阶段申报人可以充分展现项目的精巧创意、独特设计、转化效益、专业特色等。四是对口聘请专家，坚持专业评比。市总工会根据申报项目专业对口原则聘请评审专家，确保了评审结果的权威性，让选手们从中开阔思路。五是完善激励机制，坚持常态评比。设立专项经费为“五小”活动提供资金保障，对获奖项目领衔人发放 1000 元 ~ 5000 元不等的奖金，同时对创新项目领衔人授予“职工创新示范岗”。

截至目前，累计收到职工创新成果 2000 余项，评选获奖项目成果 300 余项，发放奖金近 60 万元，仅获奖项目每年为企业创造（节约）经济效益 4 亿余元。

# 江苏靖江市总工会实施“职工创新成长工程”

江苏靖江市总工会搭建“五小—专利—成果”创新成长阶梯。建立“五小”数据库，为一线职工开辟“专利申报绿色通道”，开展首届“职工创新成果”评选活动，打通产业工人成长通道。聘请劳模工匠担任“职工创新导师”。由 95 名劳模工匠、技能大师组成“职工创新导师团”，和“五小”项目申报人结对指导、合作攻关，助力一线职工走上创新之路。推行“技术包干、成果分红”激励机制。挂牌 28 家“职工创新工作室”，支持企业与领衔人签订技术包干、成果分红协议，全面激发职工劳动热情、创造潜能。

2022 年以来，480 家企业、12000 名产业工人参与职工创新，产生 2000 余条“微创新”成果，7 个项目入选大国工匠创新交流大会，2 个项目获评江苏省职工“十大先进操作法”，670 余项群众创新成果在企业转化应用，创造经济效益近 2.2 亿元。

# 河北金隅鼎鑫工会创新创效
# 为企业高质量发展赋能

河北金隅鼎鑫水泥有限公司工会构建全员创新创效管理运行体系，制定《职工经济技术创新管理办法》《文创产品评比管理办法》，坚持每月一评审、每月一奖励、每月有推广项目。

一是以市场需求为导向促转化。加强产品、系统研发，提升客户服务质量。二是以推进企业转型为导向促转化。组织实施数智化应用研究，提升企业智能化水平；开展文创作品技能大赛，促进旅游转型，提升品牌形象。三是以提高职工技能为导向促转化。企业实施“领军人才”和“工匠人才”培养计划，打造以技术带头人命名的创新工作室，分获省市级和全国机械冶金建材行业示范性创新工作室评定。“水泥熟料自动装车系统”获第 17 届北京发明创新大赛银奖。研发项目获全国机械冶金建材行业职工技术创新成果二等奖，河北省质量创新成果发布会一、二等奖。全年完成创新项目 455 项，创效 2691.07 万元，为企业高质量发展赋能。

# 湖北襄阳供电公司工会<br>用好创新工作室联盟平台 推进“五小”创新

湖北襄阳供电公司工会坚持高起点谋划。编制《职工（劳模、工匠）创新工作室联盟创建方案》，建立党委领导、行政支持、工会牵头、部门协作、劳模领衔、职工参与的工作机制。坚持高标准创建。按照“专业相关、目标一致、优势互补”的原则，综合公司各层级创新工作室考核评估情况，在全市范围内试点搭建输电运检、配电线路、变电检修 3 个跨区域、跨单位的职工（劳模、工匠）创新工作室联盟，通过日常线上交流、定期线下活动、年度例会制度等形式，共同解决项目关键技术瓶颈、资源整合调配、成果改进提升、技术规范编写等问题。坚持高效率推进。实施以“掌握关键技术、形成拳头产品、创造市场效益”为重点的考核评价机制，对相关单位给予高权重加分，同时将技术创新成果纳入晋职晋级、技能专家评选、职员工匠选聘考核，提升职工参与创新的成就感和荣誉感。

截至目前，公司共创建各类创新工作室 21 家，核心创新团队人员达 400 余人，申报各类职工“五小”创新成果 352 项、QC 成果 114 项，获得国家专利 247 项。

# 湖南航天公司工会实施“三个强化”按下职工创新创效“快捷键”

湖南航天有限责任公司工会紧紧抓住自主创新“牛鼻子”，广泛组织开展群众性创新活动，不断挖掘“金点子”、结出“金果实”，为公司高质量发展提供不竭动力。强化顶层设计，编好职工创新活动“策划书”。把职工科技创新工作纳入公司整体发展战略统筹规划。制定科技创新项目管理等制度文件，建立职工收入待遇与技能提升、创新业绩挂钩的考评机制。强化问题导向，抓住群众性创新活动的“关键点”。紧盯效率、质量、效益提升搞创新，聚力开展技术攻关，提高企业核心竞争力。每两年开展一次“三创新双创秀”技术创新大赛。把群众性创新活动与培养创新型人才紧密结合，加强创新文化建设，开设技术知识大讲堂，定期开展“自助餐”式、“导师带徒”、“金牌班长”等各种形式的技术交流培训，不断提升企业创新能力。

五年共 120 余个项目立项，获国防技术发明奖等荣誉 34 项，获有效专利 1502 项，获国家级、省部级专利奖 18 项。

# 山西经纬智能纺织机械有限公司工会
# 培育“五地” 联动“五环” 赋能“五小”

山西经纬智能纺织机械有限公司工会积极开展“五小”自主改善活动，扎实推进建议征集阵地、精益创新营地、成果孵化园地、创造激励高地、转化应用基地“五地”建设，做好建议、改善、孵化、激励、转化“五环”全过程闭环联动，赋能“五小”活动取得“大”实效，促进企业精益化管理水平提升。

坚持凝聚合力，打造“党委领导、行政支持、工会牵头、部门配合、劳模引领、职工主体”全员参与、齐抓共管同推的创新创效工作格局。坚持广泛发动，推动全员参与全公司、全工艺、全流程、全节点的自主改善，职工自主改善活动参与率达 90%。加强机制建设，健全每月一梳理、每季度一小结、每半年一督导、每年一总结的过程督导机制。做好转化应用，打造创新创效评审会、交流推广会、演示交流会、成果汇报会等成果转化展示平台。做实做强职工技能的加油站、技术创新的孵化器、成果转化的中转站，促进企业效益改进和职工价值输出双提升。十年来共培育“五小”成果 33760 项，其中，省级优秀成果 12 项，市级优秀成果 159 项，累计创造经济效益 1 亿多元。

# 甘肃金川集团股份有限公司镍冶炼厂工会<br>激励职工技术创新 助力企业高质量发展

甘肃金川集团股份有限公司镍冶炼厂工会 2016 年下发《镍冶炼厂个人原创性技术创新成果奖励办法》，对职工个人独立研发的创新成果进行重奖，根据创新成果的技术含量、应用效果、经济效益、社会效益进行综合评定，分为六级，每月给予 100 元 ~ 2000 元的持续性奖励，直至该成果被其他创新成果取代或停止使用，为富有独创精神的个体创新创造搭建了激励平台。

截至目前，该厂有 23 个项目获个人原创奖，累计发放奖励 32 万余元。高级技师王万麒创新项目《镍电解造液工艺技术创新及应用》2016 年被评定为 C 级，每月获得奖励 700 元，获奖后的 7 年中本人 2 次创新升级，个人累计获得奖励 6.5 万元。

# 国网山西省电力公司工会<br>立足自立自强 深化创新创效

国网山西省电力公司工会深化创新创效工作。在机制建设方面，推行“创客 + 导师 + 项目经理 + 辅导员”项目管理模式，开展“五小”项目储备、揭榜攻关，出台创新扶持资金管理办法，建立产学研创新联盟，培育扶持力度不断加大。在人才培养方面，率先成立电力工匠学院，建设劳模工匠教育基地，广泛开展“职工大讲堂”“创新 + 实训”等活动，立体化、全方位培养人才。在成果转化应用方面，完善双创流程，搭建职工创新创效一中心三基地，定期发布重点推广项目、联合攻关项目和转化签约项目，通过内部应用和外部转化，全面激发职工创新创效内生动力。

五年来，建成创新工作室 104 个，培育出省部级及以上人才 590 余人，孵化创新成果 2150 项，内部应用成果 517 项，外部转化成果 51 项，转化金额达 1.55 亿元。

# 中建三局工会“我是创客”大赛 搭建科技创意大舞台

中建三局工会聚焦创意征集，面向全体职工征集具有原创性、引领性和可实施性的科技创意。完善赛制设计，采用“海选 + 答辩”的形式，邀请多领域专家开展多轮评审，全方位评估创意项目综合质量。紧扣发展脉搏，征集主题紧密围绕行业和企业发展方向，为行业进步、企业发展、职工服务提供智力支持。

6 年累计征集职工创意 1100 余项，评选优秀创意近百项，涵盖数字化、碳中和等多个方向。成果转化充分，一批创意转化为科技成果，其中第一届比赛中发布的“单塔多笼循环运行施工电梯”成功应用于深圳城脉大厦等多个重大工程。目前“我是创客”大赛已成为企业科技创新的“名片”。

# 七、新就业形态劳动者

# 中国财贸轻纺烟草工会以“蓝骑士”集中入会为突破 跑出新就业形态劳动者建会入会“加速度”

2024 年 2 月，吉林省长春市饿了么 1200 余名外卖配送员集中入会，长春市内饿了么平台企业全部建立工会组织，饿了么外卖配送员全部成为工会会员，实现市域全覆盖。

坚持三级联动，协同推进。中国财贸轻纺烟草工会落实“打头阵”工作责任，推动饿了么将建会入会纳入与全国代理商合作协议，协调饿了么总部直接推动长春市建会入会工作。吉林省总工会、长春市总工会部署开展新就业形态劳动者维权服务三年行动，探索符合新业态特点的工会组建方式，直接吸纳零散、灵活新就业形态劳动者入会。

突出目标导向，创新形式。行业、企业、属地三方携手，单独建、联合建、个人入三策并举，推行“指尖入会”模式，畅通入会渠道。长春市饿了么 9 家代理商中 5 家单独成立工会，3 家加入街道（社区）联合基层工会，1 家外地注册纳税的代理商骑手加入工作地或居住地街道（社区）联合基层工会。

深化维权服务，扩面提质。开展新就业形态劳动者温暖服务季活动，实施免费体检、赠送互助保障、开通就医绿色通道以及工会服务圈建设等服务，创新建立一批以“幸福汇”工会驿站为引领的温馨港湾，打造工会元素鲜明、职工可感可知的服务品牌。

# 天津北辰区总工会联合开发“先蜂骑手”小程序 助力基层社会治理

天津市北辰区总工会聚焦新就业群体，延伸服务手臂，关心关爱、引领凝聚外卖员群体，携手区委组织部，开发“天津北辰先蜂骑手”小程序，通过党建领航、正向激励等方式，让“外卖小哥”变身“先蜂骑手”，成为服务群众生活、参与社会治理的新生力量。“天津北辰先蜂”骑手小程序主体架构由四大模块构成，分别为首页、事迹、新闻、我的。其中首页嵌套了小程序主要四大功能：红色加油站、问题随手拍、积分排名、困难找组织。“红色加油站”向骑手们展示附近加油站位置及公共卫生间位置并提供导航功能。“问题随手拍”可以上传骑手在日常配送中遇到的民生问题，不同的问题类型可兑换不同的积分。“积分排名”包含积分排名和积分兑换。“困难找组织”可以提交自己遇到的困难和问题。

另外，事迹模块中可以看到所有未完成和已完成的事迹列表，新闻模块中可以查看最新新闻，我的模块中可以对骑手的基本信息进行查看和修改。“先蜂骑手”党工共建小程序创新地实现了理论课堂、积分制管理、社会治理随手拍、户外劳动者服务站地图导航、扫码入会、意见征集等功能的延展优化，建立了“线上＋线下”同频共振的服务新就业形态劳动者新格局。

# 吉林四平市总工会助力外卖小哥、快递小哥变身“义警”

2023 年，在吉林四平市外卖配送行业联合工会、四平市快递行业工会联合会的倡议下，美团、顺丰、京东快递部分外卖小哥、快递小哥光荣地成为四平市铁东公安分局的义警队员，外卖和快递小哥代表参加了启动仪式。

四平市外卖配送行业联合工会、快递行业工会联合会充分发挥行业联合工会作用，把众多小型、分散单位的职工广泛地组织到工会中来，利用联合工会的特点，把外卖、快递小哥组织起来参与到社会公益事业中，发挥外卖、快递小哥工作分布区域广的方便条件，义务承担起法治宣传、应急响应、治安巡逻、隐患排查、社情民意收集、违法犯罪线索举报等方面服务，为城市增加一份安全保障。

# 浙江温州市总工会“五强五力”打造暖“新”共富典范城市

浙江温州市总工会坚持“共富路上一个都不能少”，聚焦关键小事，出台制度，举办暖“新”活动，全力做好新就业形态劳动者工会工作。强组建力推“新”心向党。创新“工会六建工作法”，推动市级行业建、县级重点建、乡级兜底建等，优化网上建会、扫码入会等场景应用，一年发展会员 6 万人。强机制力推“新”规落地。聚焦子女教育、购房租房等难题，会同市委组织部、市人力社保局等 18 个部门，创新出台《关心关爱新就业形态劳动者十大举措》，在“五一”庆祝大会上发布。强阵地力推“新”有所往。与市委组织部联发文件，融入瓯江红·城市驿站，构建服务阵地矩阵。激发站点自身“造血”功能，创新推出“工会 +”8 种阵地模式，实现阵地自给自足可持续发展。强技能力推“新”欣向荣。

打造数字化技能竞赛平台，开发“快递小哥”职业能力模块库，举办首届快递员技能大赛，1487 人参赛。签订网约车、快递行业集体协商合同，惠及 4 万余人。强服务力推“新”然自得。创设 5·28 暖“新”日，举办集中入会、暖“新”集市、发放暖“新”数币红包等。联合饿了么推出线上暖“新”10 元餐，为 1 万多人提供优惠餐食服务。免费赠送互助保障险 4 万余份。

# 安徽合肥市总工会坚持党建带工建 组建乡镇级联合工会 实现新就业形态劳动者兜底覆盖

近年来，安徽合肥市总工会在全市推行组建乡镇（街道、社区、开发园区）新就业形态联合工会，构建纵横交织、上下贯通的组织体系，畅通入会“最后一公里”。

红色引领激发工会活力。加入合肥市新业态新就业群体党建联盟，将深入开展网约车司机等新就业形态劳动者入会纳入合肥市“心向党·新向荣”专项服务清单，完善关爱凝聚新就业形态劳动者制度机制。将组建乡镇级新就业形态联合工会列入工会基层组织建设工作综合评价指标。

笃行实干展现工会担当。将组建乡镇级新就业形态联合工会作为全市工会基层工作重要内容，实现城区所有街道、县城主要乡镇新就业形态联合工会全覆盖。优化网上入会操作流程，实现基于地理位置的“扫码填报”全流程网上操作，累计吸纳会员近 5.6 万人。

维权帮扶传递工会关爱。为新就业形态劳动者量身定制 16 条服务举措，开展专项思想引领、劳动和技能竞赛、慰问帮扶等多项活动，赠送在职职工意外伤害互助保障计划 8.9 万余份，开展免费体检 1000 余人。全市累计建成工会驿站 1336 家，年服务户外劳动者达 176 万人次，13 家驿站被全总评为“最美工会户外劳动者服务站点”。

# 河南信阳商城县总工会以“三贴近”思路解决新就业形态劳动者急难愁盼问题

河南信阳商城县总工会坚持以“贴近中心促发展、贴近职工办实事、贴近基层搞服务”的工作思路，强化政治意识，创新方式方法，做实做强工会服务，让新就业形态劳动者感受到工会组织的温暖。

强化统筹协调。成立商城县新就业形态劳动者建会入会专项行动领导小组。结合全县经济普查统计数据，对全县新就业形态劳动者进行摸底排查，确保底子清、数据实、情况真。目前，新建新业态工会组织 5 家，新发展新就业形态劳动者会员 790 人。

强化权益保障。积极开展“尊法守法·携手筑梦”服务农民工、新就业形态劳动者公益法律服务行动，广泛开展疗休养活动，慰问困难新就业形态劳动者。协助人社局、应急局做好新就业形态劳动者工资支付、安全生产等权益维护工作。

强化普惠服务。拿出专项资金，联合县邮储银行开展“凭工会会员卡购物，满 50 元及以上立减 20 元”优惠活动，受到新就业形态劳动者欢迎，吸引新就业形态劳动者加入工会组织。

# 湖南张家界永定区总工会党建带工建<br>激发新就业形态劳动者工会工作新活力

湖南张家界永定区总工会坚持“党建带工建、工建促党建”，聚焦重点行业、重点领域，深入推进新就业形态劳动者建会入会工作。

党建引领统筹谋划。积极推动“两新”组织党工委将新就业形态劳动者建会入会纳入党建工作总体部署。健全新就业形态党工组织联建机制，加强与相关职能部门及行业协会配合联动，共同推进新就业形态行业党组织建设和工会组织建设。

“走找想促”高效推进。开展“走基层、找问题、想办法、促发展”活动，深入新业态企业、行业协会、快递驿站开展调研。大力推行“重点建、行业建、兜底建”模式，新就业形态劳动者建会入会工作取得积极进展。目前，全区成立新业态行业相关工会组织 38 个，吸引 7017 名新就业形态劳动者入会。

精准服务激发活力。大力推行“法院 + 工会 + 人社 +N”劳动争议多元化解机制，成立“法院 + 工会”诉源治理工作站，累计调解 23 起劳动争议案件，为 9 名劳动者挽回经济损失 13.84 万元。积极参与“促消费、助发展”行动，为新就业形态劳动者发放消费券 9.5 万元。联合区委组织部推进“红色驿站”建设，解决户外劳动者“休息难、就餐难、饮水难”等实际问题。

# 重庆市丰都县总工会拓宽入会路径 推动惠民有感

重庆市丰都县总工会坚持把党的领导贯穿到工会工作的全过程各方面，以社会动员为抓手，以自主参与为导向，以服务维权为宗旨，以工会主导为平台，2023 年吸纳 5.55 万名新就业形态劳动者、农民工加入工会组织。

坚持党建统领，狠抓社会动员。坚持党建带工建，通过健全领导体系、工作机制、保障体系，把“一揽子政策”制定好，把“一入会清单”宣传好，把“一本长远账”计算好。

坚持双轨并行，拓宽入会路径。健全完善乡镇（街道）—村（社区）—企业“小三级”工会组织体系，织密工会组织网络，采取“输出 + 输入”直接入会，“部门 + 街镇”发动入会，“商会 + 协会”吸引入会等形式吸纳新就业形态劳动者、农民工入会。

坚持法治护航，推动惠民有感。通过部门联动、关口前移、形成案例的方式切实维护会员合法权益，积极开展精准服务，以“惠”为主，促进多元互助，努力提升会员的获得感、幸福感、安全感。

# 四川成都市总工会坚持三个“一体推进”推动新就业形态劳动者工会工作提质增效

四川成都市总工会一体实施建会入会、服务保障、引领凝聚，提升新就业形态劳动者工会工作质量。截至目前，累计建立新就业形态工会组织4262个，发展会员57.28万人。

强化组织力，将新就业形态劳动者“组织起来”。建立与交通运输等部门联席会议，制定修订法规政策26个。落实工会系统“一把手”责任制，将建会入会工作纳入目标考核。实施“重点建、行业建、兜底建”，配置新就业形态工会组织“一会一码”，实现“一键入会”，累计吸引34.2万人加入工会。

强化服务力，将新就业形态劳动者“稳固下来”。建成职工驿站1578个，提供热水、免费洗车等综合服务。开展“四季送”、免费体检等普惠活动，惠及新就业形态会员122.1万人次，筹集资金为10.7万余名新就业形态劳动者赠送专项综合互助保障。

强化引领力，将新就业形态劳动者“凝聚起来”。面向新就业形态劳动者开展宣传教育活动300余场，引导他们成为基层治理的“流动哨”，报送各类治理线索近50000条，710名快递员等担任“微网格员”。近3年开展快递包装、家政服务等职工技能大赛307场，1名货车司机、6名快递员被评为“成都工匠”。

# 青海省总工会深入探究货车司机需求<br>创新工作方式 推动货车司机入会

青海省总工会持续推进入会和维权服务工作向纵深发展，让更多货车司机享受高质量发展成果，共享高品质生活。

灵活拓展工作阵地。省总工会开发“青工之家”App，设计货车司机入会专属二维码，在全省高速公路服务站、超限站、物流园区、“司机之家”等地加大宣传力度。督促指导各县（区）级工会成立货运行业工会联合会，给予每个联合会适当工作经费补助。积极发挥“司机之家”作用，将服务从“找上门”变成“送上门”，扩大“司机之家”的品牌效应。

量身定制专属服务。为解决货车司机只有城镇医保或农信合医保，无法参加职工医疗互助保险的问题，省总工会专门针对货车司机群体量身定制了“补充医疗保险”方案，为 5000 余名货车司机购买“补充医疗保险”，帮助解决广大货车司机支付保险费用的实际困难。

增强群体责任担当。在全省范围内开展“生态保护我先行”活动，各级工会制作环保垃圾袋，通过“司机之家”免费发放给过往货车司机，团结动员他们自觉践行“绿水青山就是金山银山”理念，以“小切口”助力全省生态保护“大文章”。

# 八、维护职工权益

# 浙江台州市总工会以创新改革激发共富活力<br>打造能级工资集体协商新样板

浙江台州市总工会把能级工资集体协商作为助力“以技提薪”重要抓手，已覆盖企业 3000 多家，全市技术工人 2022 年度平均薪酬同比增长 9%。

一是聚焦以技提薪，激发创新动力。出台《行业性能级工资集体协商规范》地方标准，下好顶层设计“一盘棋”。把技术工人比例、待遇与企业用地、补贴挂钩，推动工人薪资与技术、创新挂钩，打造政策激励“一张网”。出台《技术工人职业发展通道设置指引》，激励企业开展人才自主评价，畅通职业成长“一条链”。

二是聚焦分配改革，释放共富活力。推进集体协商要约行动，围绕工资议定、增长和支付三大协商环节签订集体合同，优化“初次分配”。73 家上市公司通过股权激励，打造利益共同体，盘活“再次分配”。紧扣主导产业开展技能竞赛，实施名师带徒攻坚活动，构建多层级技术工人培养体系，促进“要素分配”。

三是聚焦民主协商，提升治理能力。注重“人性化”协商，将子女教育、父母养老、购房补贴等列为重要内容；注重“数字化”协商，开发“云协商”应用场景，把职代会、高层见面会等列入协商平台；注重“专业化”协商，实施“千名能级工资集体协商指导员培训行动”，推行“民主恳谈、形成草案、职代会审议、审查备案、职代会报告”五步法，使协商程序更规范。

# 江苏泰州市总工会
# 打造能级工资集体协商泰州样板

江苏泰州市总工会着力健全产业工人薪酬激励机制，推出能级工资集体协商创新做法并被写入新施行的《江苏省集体协商条例》。

一是党政主导工会主推。纳入产改年度评价要点，出台《能级工资集体协商三年行动计划》《集体协商先进典型奖补办法》等；三方机制协调联动，合力推动集体合同履约兑现。抓好典型培植选树，对开展能级工资集体协商获得省级以上荣誉的企业，市总工会给予适当奖补。在条件成熟的行业开展能级工资集体协商。纳入政府为民办实事项目，参与市政府专项督查。

二是聚力构建共建共享机制。协商技术技能津贴，132 家传统制造业企业以技术技能作为协商核心议题，鼓励一线职工技能成才；协商创新创造奖励，57 家规上高新技术企业建立了创新创造能级协商机制；协商学历提升津补贴，33 家企业通过协商，明确了职工学历津贴标准，技术工人可转管理岗，打通技能人才成长“双通道”；协商美德善行激励。

三是协同推进职工生活品质提升。聚焦企业创新发展转型升级“要事”，能级工资协商整体建制企业 321 家、覆盖一线技术工人 15 万余人；聚焦关爱服务新就业群体“难事”，开展快递（外卖送餐员）行业能级工资协商；聚焦职工生活品质提升点滴“小事”，通过协商助推和谐劳动关系创建、幸福企业试点建设。

# 广东广州市总工会强化数据支撑<br>聚焦三大重点 高质量编制集体协商参考信息

针对集体协商工作中职工不会谈及协商双方信息不对称、参考数据不准确等痛点问题，自 2019 年起，广东广州市总工会连续六年发布《广州市主要行业职工薪酬福利集体协商参考信息》（以下简称《参考信息》），应用覆盖企业 1.8 万家。

一是聚焦协商实践。2024 年《参考信息》数据由专业机构通过线上线下相结合、抽样调查和大数据分析相结合、问卷和访谈相结合等多种方式，从广州 11 个行政区的 1304 家企业样本中获取。薪酬数据包含了 21 个主要行业、新五大支柱产业、社会组织、“三项工程”、新就业形态劳动者的薪酬数据，时效跟随性较强，覆盖也较为全面，全景呈现广州主要行业薪酬福利真实情况。

二是聚焦新业态领域。近三年聚焦货车司机、快递员、网约送餐员、网约车司机等新就业形态劳动者，单独成章重点分析薪酬数据。增加新就业形态劳动者福利情况，梳理各级各部门的政策，为维护新就业形态劳动者合法权益提供专业数据参考。

三是聚焦高质量发展。2019 年探索发布全市 15 个主要行业职工薪酬福利信息；2020 年、2021 年将行业范围拓展到 20 个；2022 年新增了新能源汽车制造业及电商直播行业两个发展迅猛的新兴行业；2023 年进一步优化行业结构，首次发布数字经济行业薪酬信息。

# 辽宁沈阳市总工会积极开展某公司解除劳动合同的法律维权救济

辽宁沈阳某公司苏家屯区分拨中心因与员工解除劳动合同产生纠纷，沈阳市总工会及相关单位积极开展法律维权救济，予以帮助调解，成功帮助 400 余人讨回欠薪金额 200 余万元。

沈阳市总工会相关部门第一时间将聚集人群转移至体育馆开展集中信访接待，耐心倾听当事人诉求，积极与企业沟通，在市政府督导下，企业自主签约 95% 以上，已将欠薪案件转化为具体经济纠纷；同时市人社局、市总工会积极与京东、美团、顺丰等同行业企业对接，提供就业岗位，市总工会同步协调提供法律援助，市公安局对资金和资产进行穿透管理，形成资金保障；相关应急体系昼夜在线，确保社会秩序稳定。截至 2024 年 1 月 7 日中午 12 时，全省已签约 2451 人（总员工 2557 人），支付工资 1477 万余元，签约率达 95.85%。

# 山东潍坊潍城区总工会找准定位 注重“三常”为职工撑起“安薪伞”

山东潍坊潍城区总工会聚焦职工维权难点堵点，以抓在经常、做在平常、融入日常的“三常”为抓手，搭建根治欠薪“快车道”。自开展根治欠薪行动以来，提供法律援助 50 余次，为职工追回劳动报酬 100 余万元。

一是抓在经常，筑牢根治欠薪“防火墙”。建强队伍，指定 32 名业务骨干对企业欠薪问题进行动态管理，将 12 名律师纳入工会法律服务队伍。完善长效机制，成立工作专班，健全劳动关系监测预警、欠薪工作报告制度，做到“底数清、问题明、处置快”。推进“工会 +”建设，建立“工会 + 人社”联合调解、“工会 + 法院”诉调对接等协作联动机制，形成多元化解欠薪争议的工作合力。二是做在平常，扎牢法律保障“铁篱笆”。注重宣传，双线开展普法宣传活动，使企业守法、职工懂法。畅通渠道，加大 12351 工会服务职工热线宣传，设立意见箱、公示牌，公布工会服务职工热线、邮箱。突出重点，在工程建设等重点领域开展联合督导专项行动，形成“预警—介入—处理”闭环机制。三是融入日常，做实关心关爱“暖心事”。兜底保障，将根治欠薪与困难职工帮扶救助相结合，为困难职工发放救助金 24 万余元。在帮扶并举，化解欠薪纠纷过程中，引导职工参加工会公益技能培训，增强职工内生动力。重点关注，开展新就业形态劳动者温暖行动，提供多样化暖心服务。

# 甘肃张掖市工会发挥联动调解机制作用多元化解矛盾纠纷

近年来，甘肃张掖市县区工会充分发挥工会在劳动争议多元化解中的职能作用，协调专业调解力量提升工会维权能力，联合法院、人社、司法等部门，建立“法院 + 人社 + 工会”劳动争议诉（裁）调多元化解机制，将劳动争议纠纷调解在基层、化解在萌芽状态。

一是坚持维权维稳一体抓，建立“六步法”信访闭环处理流程。畅通 12351 工会服务职工热线和舆情信访通道，组建“法院 + 人社 + 工会”劳动争议诉（裁）调对接工作室，民乐县总工会建成全省首个“司法 + 工会”公共法律服务中心，办理职工信访 99 件，办结率 100%，满意度 95%。开设工会维权普法小课堂，及时发布职工维权案例，试点开展劳动用工“法治体检”。二是持续深化“安康杯”竞赛，推动源头维护职工合法权益。持续推进企业民主管理规范化，代表职工协商签订集体合同 465 份，覆盖职工 6.98 万人，获省级集体协商模范单位 3 个、示范单位 5 个，推动源头增进职工劳动权益。

# 新疆生产建设兵团第六师总工会<br>发挥地方联动机制作用帮助农民工讨薪

为进一步畅通职工诉求表达渠道，更好地服务职工和依法维护职工权益，新疆生产建设兵团第六师总工会积极发挥地方联动机制作用，通过在线法律咨询，每周一次律师服务面对面、法律援助与职工维权知识问答等途径，为职工提供方便快捷的法律帮助，促进劳动关系和谐。

一是领导高度重视，推动建立维护劳动领域政治安全地方联动机制和劳动争议多元化解“5+N”格局。二是对热线集中来电 3 次以上的，第一时间向兵团第六师总工会党组和相关部（室）制发预警信息转送函，最大限度防止事态发酵扩散，将风险隐患苗头化解在萌芽阶段。三是坚持推动“办结”向“解决”转变，对欠薪案件中转办事项，无论办结与否，只要效果不佳或职工不满意的坚决退回重办，办理情况按月通报，全力确保职工诉求事项事事有回音、件件有着落。

地方联动机制帮助五家渠市新业能化下属公司 34 名农民工成功讨薪 60 余万元，相关农民工高兴地说：“拖了半年的钱，没想到咱们工会这么快就给解决了，我代表农民工兄弟感谢咱们工会。”

# 安徽马鞍山立白日化有限公司工会“小工具”改善大环境

职业安全卫生防护“工具包”的推广应用与企业高质量发展的总体目标高度契合，为解决职业安全危害，保护劳动者职业健康提供了新方向。安徽马鞍山立白日化有限公司试点应用“工具包”以来，通过科学配置资源、增加自动化工具、引进智能化管理系统等措施，使工作场所条件得到持续改善，职业健康危害因素明显减少，有效提高了企业生产效率和经济效益。“工具包”试点推广加速了企业生产过程的标准化建设，缩短了职工劳动习惯的养成周期，通过比对，人工效率提高了5%~8%，员工劳动强度下降近 60%。公司制皂厂一楼自动化生产线高效稳定的生产模式已成为集团标杆，为其他车间规范化建设提供了可靠借鉴。

一是成立推行团队，明确具体职责，确保项目持续实施。二是制定推行计划，进行专业诊断和专项改善，开展年度评审，确保“工具包”管理的落地实施。三是通过现场职业安全卫生管理、工效学检查干预、工作场所风险管理等手段，进一步规范和优化生产流程。四是试点中逐步实现了物料储存和处理、工具和机械安全、工位工作台设计、工作环境、辅助（福利）设施等方面的标准化，为企业的稳定生产奠定坚实基础。

# 九、工会服务职工

# 陕西省总工会推行工会主席直播送岗<br>打造“工会帮就业”精品服务项目

陕西省总工会着力构建以“春送岗位”普惠性服务和“阳光就业”精准帮扶为重点的工会常态化就业服务体系，推行“工会主席直播带岗”、“劳模送岗”、“入企探岗”等具有工会特色的招聘形式，打造“工会帮就业”精品服务项目。

一是围绕中心大局主动作为。工会主席直播送岗是工会组织落实就业优先政策的具体举措，已连续举办四年，为助力高质量充分就业发挥了积极作用。二是紧跟时代发展创新实践。工会主席直播送岗通过键对键、面对面实现岗位可视化、招聘数字化，符合当下待就业群体求职环境的新变化，也是网络信息时代工会就业创业服务的新实践。三是聚焦职工需求用心服务。聚焦重点群体求职意向、职业技能等，分行业、分领域开展直播送岗、线上线下招聘，实现了企业用工需求与职工求职意向的无缝对接。

2024 年 2 月初，陕西省总工会以“陕西工会送岗位 百行千企助就业”为主题在全省开展 2024 年“春送岗位”就业服务月活动，各市（区）总工会同步启动。其中，西安市总工会已连续举办 7 场工会主席直播送岗活动，市总工会班子成员和部分区总工会主席先后走进直播间、企业用工岗位一线，向求职者推介就业岗位，共收到简历 3111 份，达成初步就业意向 1152 人次，同时举办 3 场线上就业指导帮扶直播活动。

# 浙江省总工会联合上海铁路局<br>开展列车企业招聘会 服务职工就业

为帮助职工实现高质量就业，缓解企业“招工难”问题，自 2021 年起，浙江省总工会根据每年春节后有大量火车旅客来浙务工的情况，联合上海铁路局杭州客运段和宁波车务段在甬广列车上举办列车企业招聘会。

此项活动由全国劳模、浙江省总工会兼职副主席、杭州客运段甬广车队队长陈美芳发起并组织实施，充分结合省总工会和上海铁路局两个平台的优势，每年春节前就开始着手准备，与各级工会和企业对接，选择优质的企业上车招工，确保招聘会顺利高效进行。四年来仅 K210 次列车就已接待 1300 多人现场咨询，近 400 人达成就业意向，就业转化率明显，发挥了较好的示范作用。

一是坚持服务中心抓就业。近年来，浙江省总工会高度重视做好就业服务工作，加大资金政策支持，体系化开展就业招聘、技能培训、阳光就业行动等各项工作，不断扩大工会就业工作影响力。二是坚持创新载体促就业。各级工会结合职工实际需求，通过开展列车企业招聘会、线上直播送岗招聘、“工薪贷”职工创业优惠贷款等新渠道新方式，积极服务职工就业创业，确保取得实效。仅 2023 年，浙江各级工会共举办各类招聘会 3000 多场次，为 120 万人次提供就业服务，帮助 4 万多人次实现就业。

# 河南洛阳市总工会<br>打造“零工客栈”就业服务模式

河南洛阳市总工会聚焦零工群体需求，探索打造“零工客栈”就业服务模式，提供线上与线下、行业与区域、政府与市场相结合的就业服务，已建设“零工客栈”320家，累计服务零工人员6.7万人次。

科学布局建设。线下依托“工会驿站”，在零工人员密集或用工企业较多的区域全面布局建设“零工客栈”。线上依托“职工招聘”小程序，设置“零工客栈”模块，精准高效投放用工信息。

拓宽信息渠道。建立信息审核制度，严格审核营业执照和个人实名证件。线上线下同步更新，确保用工信息双向对接。建立信誉评价制度，将零工个人信誉与接活率、服务费等挂钩。

拓展服务功能。设置引导牌，让找活、用工人员“找得到”、“进得来”。配备茶水、小药箱等便民物品，为零工人员提供贴心服务。滚动播放电工、瓦工、家政、电器维修等线上培训短视频，扩充零工人员知识储备。配备报纸杂志、跳棋围棋、扑克桌椅等设施，满足零工人员多样化休闲娱乐需求。

建设“零工客栈”是洛阳市总工会落实就业优先战略、促进高质量充分就业的重要举措，创新了工会就业服务模式，打造了灵活就业人员的遮风场、就业信息的集散地、知识提升的充电站，营造了全社会关注、关心、关怀户外劳动者和零散务工人员的良好氛围。

# 江苏南通市总工会实施工会“云招聘”行动

江苏南通市总工会搭建“云招聘”项目服务平台，搭载职业介绍、就业咨询、就业指导等服务。联合市人社开通专线，发布企业招聘信息。发挥“工会大学堂”载体作用，开设家政、插花等线上线下培训。完善“云招聘”项目机制建设。建立联席会议制度，与人社等部门定期研究、探讨职工就业工作难题。广泛开展问卷调查、现场访问等，让工会就业服务云端线下双向扩容，延伸服务对象覆盖面。

“云招聘”项目是职工就业服务的延伸，更是工会顺应时代发展、推动就业服务多样化的创新突破。一是助力实现职工求职梦想。形成工会牵头统筹、服务中心具体实施，县（市）区工会齐头并进、南通大数据技术支持的职工就业普惠服务模式。二是形成促进就业热潮。与省总工会、省职工服务中心共同开展 2023 年江苏工会民营企业专场招聘会暨“工会在身边·职等你来”南通市总工会促进职工就业创业行动启动仪式，帮助职工解决就业难题。与市人社等部门共同开展直播招聘活动，促进职工广泛就业。

目前，江苏工会服务网已完成 3843 家企业注册。截至 2024 年 2 月，云上招聘平台共发布全市 363 家大中小型企业招聘信息，涉及 1400 多个岗位，招聘 27080 人，有效缓解企业保工复产难题。

# 川渝工会携手推动“百万职工游巴蜀”奋力打造跨区域提升职工生活品质新范例

重庆市总工会联合四川省总工会开展“百万职工游巴蜀”工会文旅活动，推动发行文旅年票 30 万张，带动出游 100 万人次，拉动文旅消费超 10 亿元，以工会文旅活动小切口发挥提振消费市场大作用。

一是着眼政策保障，统合优势资源。健全完善川渝工会联席会议协作机制，推动川渝两地政府纳入项目统抓统管。联合宣传、文旅等部门印发《关于开展“百万职工游巴蜀”活动的通知》，推动活动广泛开展。纳入未来五年“十件实事”。二是着眼职工需求，丰富服务供给。两地确定以景点游览、文艺观演、文博和纪念场馆参观为主要活动项目，推出包含川渝多地景区景点、演艺产品等文旅年票，动员景区、旅行社、酒店、文艺院团等 200 余家文旅企业参加。三是着眼覆盖广泛，扩大活动影响。以“惠游重庆”、“渝工娘家人”、“四川工会”等新媒体为依托，搭建“百万职工游巴蜀”数字文旅消费、推介平台，推动开行巴蜀文化旅游走廊主题列车 150 余趟，发放“巴蜀文旅惠民大礼包”9 万余份，吸引游客近 10 万人次，同时，将文旅年票作为重庆市政府赠送援渝医疗队礼包、“5·19”中国旅游日大礼包的重要内容。

# 新疆维吾尔自治区总工会开设远程视频医疗服务项目 让职工随时随地有“医”靠

新疆维吾尔自治区总工会针对高海拔地区和边境地区职工群众最关心的就医不便和医疗资源匮乏等问题，依托“互联网 +”模式，为解决一线职工看病难问题实施远程视频医疗服务项目。该项目通过网络平台全天候为职工及其家庭成员提供远程视频即时医疗服务。同时，根据新疆民族地区语言特点，增设了维吾尔语、哈萨克语专用服务通道；在交通不便的偏远地区，建立了远程视频医生医务室，将服务对象拓展至周边居民群众，进一步保障提升广大职工群众生活品质。

项目自 2023 年 8 月启动以来，已覆盖服务对象 30 余万名（职工及其直系家属），共提供咨询服务 1.6 万余人次，1.9 万人次参与科普直播。有关知名医院的著名专家还专门赴高海拔地区开展义诊，有效弥补了该地区医疗保障短板，缓解了分居两地、三地职工照顾父母看病难、生病看护少、就医渠道缺的实际困难，为激励和鼓舞全疆各族干部群众扎根边疆、守卫边疆、奉献边疆起到了积极作用。

# 福建福州市总工会打造<br>全面提升职工生活品质“福州样本”

福建福州市总工会聚焦提升职工生活品质工作目标任务，以“让榕城百万职工美好生活更有质感”为主题，着力拓展工作格局，构建职工高品质生活工作体系。

打造旗舰型、普惠型、幸福型、公益型、创新型五大阵地集群，扩容职工高品质生活“工享空间”。充实供应链条，聚合职工高品质生活“工益力量”，加快构建职工温暖工程帮扶、职工家庭生活关爱、工会稳岗就业、职工身心健康、职工职业素养技能提升等五大服务职工体系。做优数字生态，搭建福州市数字工会服务平台，依托工会会员实名制数据库，打造数据融合、覆盖全市、高度黏性的职工服务网络，让工会工作服务指尖触达，赋能职工高品质生活“工慧场景”。

全市现有5个全总试点单位、12个省级试点单位。试点工作开展以来，形成以市县两级工人文化宫为主阵地，辐射13个市县职工服务中心、379个职工服务e站、122个幸福企业试点的服务职工阵地网络，服务职工超过100万人次。充实涵盖社会组织、公益慈善、爱心企业、志愿服务、新闻媒体等各类社会力量的关爱职工公益伙伴项目库。

# 江西省总工会压实责任<br>全力推进工会驿站上图工作

江西省总工会全力推进工会驿站上图工作。全省已建并验收工会驿站 4126 家，与 2022 年相比增长 135%，已在百度、高德上图站点达 3800 余家。

凝聚共识，高位部署推动站点上图。召开现场推进会对驿站建设工作进行了再动员、再部署，并要求各级工会运用大数据、云计算等先进技术赋能站点和实现站点上图查询。建立全省站点信息数据库，以各县（市、区）总工会为信息收集主体，对站点信息进行认真核实并入库，站点变化情况实时更新。

加强培训，熟练操作做好站点上图。举办全省工会保障服务业务培训班，开设站点上图教学课程，指导基层工会干部明确上图要求、掌握上图技能。组建全省工会站点工作微信群，实时掌握和调度各地站点上图情况，并协调解决基层反映的上图技术难题。

加强调度，压实责任督促站点上图。建立每周一调度、每月一通报制度，通过微信群、电话实时掌握各地上图进展情况，及时研究解决新情况新问题。不定期从站点数据库中随机选取站点在百度、高德 App 查询，检查是否上图、上图是否规范；在推树最美站点、确认星级站点时将是否上图作为一项重要指标，目前全省三星以上 2533 家站点已全部实现上图。

# 湖南永州零陵区总工会<br>建设 24 小时“不打烊”工会驿站

湖南永州零陵区总工会通过实行社区管理与户外劳动者自我管理相结合，实现了工会驿站 24 小时“不打烊”。

一是聘请工会社会化工作者专职服务。针对主要街道、人流量大地段的驿站，聘请工会社会化工作者专职负责驿站日常管理服务。二是工会干部主动提供服务。区总工会在职干部职工和基层工会干部，发挥主人翁意识，主动到驿站提供一定时间的值班值守服务。三是发动社会力量参与服务。依托“工会 + 社区 + 联点共建单位”模式，动员社区和联点共建单位安排人员参与驿站服务，组织发动包括区志愿者协会的志愿者、学生、劳模、党员、社会爱心人士等参与驿站志愿服务。四是鼓励新就业形态劳动者自我服务。倡导相关新就业形态企业、行业工会组织人员参与驿站管理服务，为固定时段工作的新就业形态劳动者配备钥匙，方便他们进出驿站。同时，区总工会通过设置值班人员休息区和生活区，配备床、被套和锅、煤气、面、米、油等生活必需物品，为值班值守人员解决食宿问题，实现工会驿站 24 小时服务“不打烊”。

# 山东淄博市总工会打造“巡回流动 + 送站上门”零距离服务圈

山东淄博市总工会重点建设“流动驿站”“项目驿站”和“开放式驿站”，为户外劳动者、建筑从业人员、新就业形态劳动者和来淄各类人群提供工会贴心服务，努力打造“巡回流动 + 送站上门”零距离服务圈。

一是建设“流动驿站”。2022 年启动并运行了“户外劳动者流动爱心驿站”，将一辆公交大巴车改装成驿站流动服务车，在充分调研掌握户外劳动者作业集聚点的基础上，定期把工会服务送到户外劳动者作业现场。二是建设“项目驿站”。采取与住建系统、项目单位共建的方式，在项目工地设立组装式、可移动“户外劳动者爱心站点”，专门服务于参与全市重点项目、重点工程的工友们。三是建设“开放式驿站”。在一些固定服务点位门口放置遮阳棚、简易桌椅板凳、饮水机、绿豆汤等。截至目前，流动爱心驿站已走进 110 个户外劳动者集中的片区和项目施工现场，服务户外劳动者 21096 人次；项目驿站已建成并投入使用 25 家，服务建筑从业人员 3 万余人次；新就业形态劳动者驿站已建成 16 家，服务快递员等 1.1 万余人次。

同时，淄博市总工会还推出“六员九能”服务，推出“建、用、管”运维机制，增强工会驿站建设实效，让广大户外劳动者享受到更贴心、更专业的人文关怀。

# 十、基层工会建设

# 辽宁沈阳市总工会建设“工间活动站”打造职工身边的职工之家

辽宁沈阳市总工会以“工间活动站”建设为抓手，不断探索联系服务职工群众的新途径、新模式，探索工会组织在生产岗位“零距离”服务职工的工作路径，有效提升了基层工会组织活力和服务能力。

自 2021 年启动以来，沈阳市总工会连续三年将在全市苦脏累一线车间班组建设“工间活动站”作为服务职工的十件实事之一。明确申报对象必须为生产型企业的生产型车间班组，同时明确“一有、两建、X 项自选”的建设原则，在不低于 20 平方米的独立场所、具备职工思想政治引领和休闲服务两类功能的基础上，企业可结合实际选择建设特色项目，鼓励企业结合行业特点、职工状况等情况，实现功能化、实用化。至今已建设完成 491 个，覆盖企业 300 余家，服务职工 9.3 万人，成为具有鲜明老工业基地特色和沈阳特色的服务阵地名片，受到企业党政和广大一线职工的欢迎。

2023 年，在建设生产一线“工间活动站”的基础上，市总工会将这一服务项目推广至重点产业园区、重点工程和重点项目工地，并开始探索“移动工间活动站”建设，推动“工间活动站”建设品牌愈加饱满，受益职工群体更加广泛。400 余个“工间活动站”虽然各具特色，但在不同的空间内传递着相同的“工会温度”。

# 上海市闵行区浦江镇总工会以民主管理助力乡村振兴

上海市闵行区浦江镇总工会坚持以人为本，践行全过程人民民主，探索实践民主管理“浦江案例”。

搭平台树品牌。2019 年 9 月，浦江镇结合区域农业特色，成立浦江农优联合工会，涵盖粮食合作社、蔬果合作社、水产合作社和农业非遗企业等，覆盖企业 54 家、会员 241 名。将工会组织优势与农业行业优势充分融合，通过“稻米产业联盟”“蔬菜产业联盟”等各类资源，实现了农产品整体销售收入近 50% 的增长。

建机制汇民意。2024 年，浦江农优联合工会在市、区两级工会的指导下，以成员单位中企业与合作社为区分，设立两大选区，通过民主推选等形式确定职工代表比例、构成，民主选举产生职工代表共 45 名，并对代表资格进行审查后进行公示。在职代会议题形成过程中，通过建立上下贯通的沟通对话机制，吸取“民意”，凝聚“民力”，形成了关于加强农业职工医疗保障、提升农业职工技能水平、助力浦江农业振兴等职工关心的议题，通过集体协商后写入集体合同（草案）。

建制度促发展。2024 年 3 月 20 日，浦江农优一届一次职工代表大会召开。会议审议表决了《闵行区浦江农优职工代表大会实施办法（试行）（草案）》《闵行区浦江农优集体合同（草案）》等规范性文件，为维护职工合法权益、促进行业健康发展打下制度基础。

# 安徽省合肥晶合集成电路股份有限公司 打造数字工会 用“新”服务职工

安徽省合肥晶合集成电路股份有限公司工会始终秉承“创新”理念服务职工，于 2019 年底基于微信小程序研发推出智慧服务平台，全方位囊括工会各项服务，真正做到平台在手，工会事务尽在“掌”握。

一是顺风拼车，践行环保。为缓解通勤压力、倡导低碳出行，晶合工会创新上线顺风拼车，为出行不便的员工优化出行方案，乘客免费乘车、车主获得实惠，分摊出行成本，拉近同事之间距离。目前拼车平台累计注册人数已超 3900 人，拼单 9.2 万余次，减少碳排放 580 吨。二是便民理发，“头”等大事。晶合便民理发室开张后，理发预约系统即在平台上线，会员分时段预约理发，即时查看排队进度，避免无谓等候，会员满意度达 98%。三是活动呈现，互动出新。在平台开创性推出“旅游 + 团建”模式的出游活动，专区设置积分兑换电子券报名通道和评论互动抽奖活动。2023 年以来已举办 540 余场，社团人数突破 1200 余人。四是公益升级，践行责任。平台推出“晶芯筑爱”系列公益项目，包含“童芯助学”、“衣旧爱”、“环保益行”和“暖心夕阳”四个项目，会员线上参与积分募捐，线下参与志愿者活动，打卡收获爱心勋章，提升参与感和荣誉感。目前累计捐赠 54 万爱心积分，折合 5 万余元。

# 福建省总工会建设“海上共享职工之家”在助力海洋经济高质量发展中彰显作为

福建是海洋大省。福建省总工会以建设“海上共享职工之家”为抓手，多渠道、全方位强化海上职工维权服务工作，为福建海洋强省建设注入“工会动能”。

一是挺进“深蓝”拓展“家”阵地。聚焦海洋牧场、海上风电、海工装备等海洋经济重点领域，在“深蓝”产业工人相对集中的海上，科学布点建家，最大限度地把海上职工吸引过来、团结起来。目前全省已建成 50 个“海上共享职工之家”，覆盖职工 50 万人。二是突出“共享”扩展“家”服务。破解海上职工流动性大、服务需求同样大的难题，探索“工会组织 + 社会组织 + 职工志愿者”海上服务模式，常态化提供扫码入会、工间休息、技能培训、联谊交友等 10 余项服务，举办“四点半学校”、暑托班等服务活动 250 多场次。同时在“海上共享职工之家”因地制宜设置“1 平方米学习角”，通过配备两三条板凳、组织三五个职工就能做到“微课堂”开讲，让职工思想政治引领“有形”更“有感”。三是搭建“枫桥”释放“家”能量。与海事、人社等部门和律师团队协作，推动简易调解、法律咨询、普法宣传、法律援助等法律服务向“海上共享职工之家”延伸，打造“海上枫桥”一体化维权服务机制，有效推动劳动争议纠纷就近化解在海上。

# 江西吉安遂川县总工会业绩考核奖励制度激发履职尽责“原动力”

近年来，江西吉安遂川县总工会出台制度，对非公企业工会主席履职业绩考核奖励范围、对象、基本条件、考核内容等进行了明确。

遂川县总工会根据兼职工会主席的服务职工人数和业绩考核结果，确定补贴标准，补贴包括工资补贴和业绩奖励两部分。按照企业在职职工人数，确定发放 80 元 ~ 200 元 / 月不等的工资补贴。根据兼职工会主席年度工会工作目标任务考核情况，发放业绩奖励。考核内容主要包括非公企业工会会员规模、工会主席履职业绩、工会特色工作、综合评价等指标。对考核优秀、良好者分别给予每人每年 800 元、600 元业绩奖励，合格的只发放工资补贴。考核工作每年开展一次，考核补贴和业绩奖励在次年初由县总工会向兼职工会主席一次性发放。考核结果作为发放非公企业工会主席工资补贴、业绩奖励、评先推优、安排异地培训、“职工疗休养”或免费体检的重要依据。

非公企业工会主席履职业绩考核奖励制度，有效地调动了非公企业工会干部的工作积极性。江西华发木业有限公司工会主席谢雪，实施非公企业工会主席履职业绩考核奖励制度后，工作热情更高，工会工作成效更明显，得到了企业主和广大职工的一致认可，被评为吉安市劳动模范。

# 湖北宜昌夷陵区总工会以区域（行业）职代会为抓手推动非公企业民主管理工作

湖北宜昌市夷陵区非公企业涉及电商产业、物流运输业、商业服务等领域，小微企业众多，存在劳动关系复杂、劳动群体分散、劳动关系碎片化、劳动者权益维护缺位等现象。夷陵区委制定《关于在新时期改革发展中充分发挥工会组织的作用和意见》，夷陵区总工会与区人大、区人社局等单位协同推进，形成“政府主导、工会牵头、部门联动、企业实施、职工参与”的工作格局。

夷陵区总工会开展“建会、建制、建家”行动，推行区域（行业）职代会试点，通过樟村坪镇矿山道路运输行业职代会、夷陵电商产业城职代会、许家冲村职代会等维护新就业形态劳动者合法权益。按照“四下基层”工作要求，由工会领导带队联系对口乡镇和重点企业，坚持因企制宜，一企一策，推进夷陵区百人以上非公企业全部建立职代会制度，鼓励职工参与企业民主管理。

截至目前，全区非公企业职代会建制率 98%，覆盖职工 4 万余人。9 家区域（行业）工会联合会（覆盖独立法人单位 3000 余家，从业人员 15000 人）中，建立区域（行业）职代会的有 8 家。

# 湖南郴州市总工会“三个一”助推职代会提质增效

2023年12月以来，湖南郴州市总工会采取“一清单、一提示、一报告”举措，推动全市企事业单位以职代会为基本形式的民主管理工作高质量发展。

一是“一清单”。积极争取市司法局的支持，首次将《湖南省职工代表大会条例》、《湖南省工会劳动法律监督条例》纳入《郴州市领导干部应知应会党内法规和法律法规规章清单》，增强了领导干部民主管理意识。

二是“一提示”。2023年12月，召开全市集体协商、职工代表大会工作部署会，发出《关于职工代表大会、集体协商工作提示函》200份；县市区总工会、园区工会闻令而动，向本区域单位发出提示函690份。全市有532家单位经提示已召开或正在筹备职代会。如市经济开发区工会联合会收到提示函后，组织园区企业工会主席到三九南开制药、申湘汽车等先进单位学习，推动园区已建会企业建制率达到100%。

三是“一报告”。大力推行职工代表大会报告制度，在全市集体协商、职工代表大会工作部署会上发出职代会报告制度相关文件；安排了一名劳动法律监督员专门负责调度、指导。今年已收到82家单位会前报告表，其中市经开区报告率100%；为36家单位及时提供业务指导，确保了职代会工作规范化召开。

# 重庆海尔洗衣机公司工会凝“新”聚力打造生产线边的职工之家

重庆海尔洗衣机公司工会立足青年职工群体占比高达 71.6% 的实际，聚焦职工个性化需求，提供贴心暖心服务，凝“新”聚力打造生产线边的职工之家，不断提升工会组织吸引力、凝聚力、影响力。

一是职工阵地“零距离”。在生产线边建设职工之家，开辟 VR 沉浸体验等 10 个一站式智慧场景，构建最美线边休息区。推出 22 项“Z 世代”员工最佳体验模式，组建演讲、瑜伽、VR 体验官等 10 余个员工社团，用兴趣爱好“小圈子”凝聚职工“大共识”。

二是精准服务“零距离”。聚焦职工衣食住行工全方位关怀保障，建立以真心、爱心、放心、暖心、耐心、恒心为主的“六心”精准关怀模式，创新员工自助选餐、女职工孕期餐食，公寓 8 改 4 升级项目。

三是内部交流“零距离”。建立健全公司内部常态化协商沟通机制，打造和谐关系氛围。精心打造创客社团平台，163 名员工提出 6418 条创新、改善建议，累计创效 2569 万元，4 班次日产能最高突破 16055 台。先后涌现出邓莺果、彭博浩等一批明星工匠。卢跃富更是由一名喷粉班组长，成为公司首席技师，成功当选十四届全国政协委员。

# 党建引领 以人为本 区域联合
# 陕西西安碑林区总工会组建律师行业联合工会

陕西西安碑林区总工会通过党建引领、以人为本和区域联合，实现了辖区 54 家律所，1300 余名律师和相关辅助人员工会组织和工会服务的全覆盖。

一是党建引领。依照《律师法》规定，律协只设立在市一级，律师群体在区县一级缺乏有效组织形式，碑林区总工会抓住碑林区成立了“碑林区律师行业党委”的有利契机，以“党工共建”工作思路，推进建会工作。

二是以人为本。通过所属行业管理部门区司法局，联合开展入会宣传动员工作，迅速发动广大律师加入工会。

三是区域联合。区总工会根据区司法局所管辖范围，改变先建会再联合的思路，以律师个体为组成单位，直接组建“碑林区律师行业联合工会”。

通过组建“碑林区律师行业联合工会”，以区总工会给予工作经费支持，区司法局给予工作支持，解决了联合工会无钱办事和无人干事的问题。通过组织开展先进评选、技能竞赛、文体活动、帮扶关爱等系列工会品牌活动，凝聚了广大律师，并通过工会品牌工作进一步宣传了工会，同步推动了一定规模的律所主动建会。

# 宁夏固原原州区总工会“四驾马车”工作法推进“小三级”工会建设

宁夏固原原州区总工会将资源和力量充实到基层，通过组织体系建设、功能阵地建设、示范项目创建、品牌服务推广，推进“小三级”工会建设。

用好党建带动“引领马车”。围绕“小三级”工会组织建设，依托“三蹲六联”蹲点工作机制，形成“三级联动、属地管理、专业指导”的组织体系，工会组织覆盖 3 个街道 40 个社区、11 个乡镇 37 个行政村（19 个移民安置村），组建工会 91 个（联合单位 256 家），发展会员 16143 名。

用好基础建设“阵地马车”。建设 11 家职工子女爱心托管班，8 家“农民工之家”，2 家“职工书屋”，1 家“会站家”一体化服务阵地，1 家以农民工服务站、农民工阅览室、法律援助室（劳动争议调解室）、体育活动室等服务设施为一体的农民工综合中心，年服务农民工 5000 余人次。

用好示范项目创建“带动马车”。深入推进“六有”合格职工之家、“小三级”工会示范点等示范项目的创建，打造市级先进职工之家 4 家、市级“小三级”工会示范点 3 家和市级“职工书屋”3 家。

用好工字品牌“服务马车”。将权益维护、素质提升、法律服务、健康体检等精准服务直接送到乡镇（街道）、村（社区）和小微企业工会，让灵活就业劳动者在“家门口”加入工会，实现工会服务“零距离”。

# 十一、构建和谐劳动关系

# 江西吉安市推进“城中零工驿站”建设<br>以零工小驿站托起就业大民生

江西吉安市文山街道按照“六有”工作要求，以“六化”建设为主抓手，大力推进“城中零工驿站”建设。

一是聚焦“实体化”建设，打造高品质平台。文山街道仁山坪社区城中零工驿站设有心理咨询室、就业培训室、调解室等功能室，并将江西省“就业之家”、吉安市“吉岗即聘”等线上智慧平台引进驿站，依托社区网格员发布用工和求职需求信息，着力打造进“一扇门”、办“一揽子事”的“一体化”公益性综合公共就业服务平台。

二是聚焦“专业化”建设，配强高素质队伍。配齐配强专业化协调劳动关系工作力量，组建专职工作人员 + 网格员 + 志愿者的“城中零工驿站服务队”，创新划格、派员、公告、摸排、汇总“五步工作法”，摸排辖区就业情况，确保数据准、情况明、底数清。

三是聚焦“规范化”建设，实现高效率服务。建立城中零工驿站服务事项清单、劳动关系协调事项清单、法律服务事项清单、心理咨询事项清单。各项制度规范上墙，服务流程清晰易懂。

四是聚焦“示范化”建设，力争取得成效。常态化走进企业或面向辖区群众组织开展构建和谐劳动关系宣传活动，提高辖区人民群众的法律意识和对站点服务事项知晓度满意度等，做到普惠均等、智能精准。

# 陕西铜川红旗街道打造“1+3+N”模式 让群众足不出户享受劳动关系公共服务

陕西省铜川市红旗街道基层劳动关系公共服务样板站点，联动川口、育才、翠溪 3 个社区服务室，扎实开展各项服务工作，为构建和谐劳动关系工作丰富了内容，创新了基层社会治理的新路径。

党建引领，“一站多能”建平台。在街道党委主导下，成立了协调劳动关系三方委员会，构建了“1”个劳动关系公共服务站、“3”个行业部门（人社、工会、司法）专业监管、“N”个社会组织联动的“1+3+N”工作机制。不定期召开联席会议，及时化解、调解各类劳动矛盾纠纷，为“大问题”动“小手术”，切实将风险化解在萌芽状态。

平台支撑，“一键到位”解民忧。2023 年以来，在“红旗智慧服务”平台开通了“劳动纠纷我帮您”模块，有劳动纠纷调解需求的劳动者通过手机留言就可得到帮助。

建强队伍，“一站到底”维好权。集结各站点劳动争议调解员，组建“好工友”劳动争议调解队，及时调解辖区劳动争议。2023 年化解了 3 起建筑工地欠薪风险，调解劳动争议 10 件，对于接到的劳动关系纠纷调处案件积极解决，向广大劳动者树立了“工友在，我无忧”的良好形象。

# 青海乌兰县总工会拓展职工维权“新渠道”奏响劳动关系“和谐曲”

青海海西州乌兰县总工会拓展维权服务渠道，打造职工权益维护平台，推动构建和谐劳动关系提档升级。

发挥联动优势，构建和谐劳动关系。充分调动社会各方力量化解劳动争议，优化企业营商环境，联合法院、人社等部门，积极构建“工会 + 法院 + 其他”的劳动争议多元化解机制。会同相关部门做好拖欠农民工工资治理工作，切实维护农民工合法权益。

创新服务模式，拓宽法律服务渠道。与第三方法律服务单位签订合作协议，聘请专业律师，深入重点企业生产一线、重大项目实施现场持续深化“法律进企业”和“尊法守法 · 携手筑梦”服务农民工公益法律服务行动，为职工群众、农民工提供劳动争议调解、法律咨询、法律援助、普法宣传等维权服务。

拓展服务渠道，保障职工合法权益。通过开展企业劳动用工“法治体检”，规范企业劳动用工，指导企业完善各项规章制度，防范法律风险；支持企业开展工资集体协商、签订工资专项集体合同、女职工专项集体合同等。帮助企业健全完善以职工代表大会为基本形式的民主管理制度，厂务公开制度，有效保障职工群众的知情权、参与权、表达权、监督权。

2023 年以来，推动全县 13 家企业开展工资集体协商，16 家企业签订工资专项集体合同，17 家单位签订女职工专项集体合同，化解欠薪纠纷 2 起。

# 四川南充航空港经济开发区劳动关系服务站多措并举打造基层劳动关系治理新样板

四川南充航空港经济开发区（以下简称“经开区”）劳动关系服务站学习借鉴“枫桥经验”，探索和培育出具有经开区特色的劳动关系服务品牌。

一是建好阵地，“线上 + 线下”并驱，打造了全域覆盖的阵地平台。完善经开区劳动关系服务平台，深度加强与区总工会、区人社局、区法院、区市监局、区工商联等职能部门的联系与沟通，建立横向到边的协作机制；着力构筑线上智慧平台，建有“工会 + 人社”、“工会 + 法院”线上调解平台。

二是选优人才，“专职 + 兼职”并举，造就精干高效服务队伍。经开区组建了由园区总工会牵头，区政法委、区法院、区人社、区司法 + 行业主管部门派员组成“1+4+N”劳动争议多元化解协调小组，形成“工会主导、部门力推、多方融入”劳动争议化解工作格局；邀请经验丰富的劳动关系协调员、集体协商指导员、工会法律监督员、心理咨询师，组成动态型调解队伍，力促劳动争议小事不出厂、大事不出园。

三是注重质效，“调解 + 跟踪”并重，开创公共服务新成效。以“法规服务进企业、争议网格先调处、案件一站受管、处置多元联动”为主线，分层化解劳动人事争议；整合多元化解资源，建立劳动人事争议工会调解室、巡回仲裁庭、巡回法庭联动调处机制，对园区劳动争议案件实行一站受理、一站协调、一站了结。

# 天津经开区总工会高标准高质量建设劳动关系公共服务站

天津经开区总工会打造并运行 8 层、5000 平方米的群团组织孵化基地、创新创业基地、企业服务基地和升级版职工服务中心。

一是完善平台管理，夯实服务基础。服务站位于经开区总工会一楼办公大厅，面积 100 余平方米，包括接待大厅、心理服务室、咨询室、调解室等。服务站工作人员利用泰达智慧群团服务工作平台实时记录企业职工来电来访信息，通过 2 部律师接待专线和 1 部心理咨询热线，实时答复企业职工关注问题。

二是强化队伍建设，提升履职能力。服务站负责人由经开区总工会主要领导担任，权益科负责业务运营与管理工作。工作人员按照培训计划，均已通过法律职业资格、劳动关系协调员、工会劳动法律监督员、集体协商指导员和心理咨询师等不同专业级别考试，取得相应资格证书。

三是强化宣传引领，增强工作成效。服务站通过宣传栏、宣传册、海报、官网、微信公众号等线上线下多种渠道，公示服务事项，扩大在区域、企业、基层和职工中的知晓率。一年来，服务站服务企业 600 余家，服务职工 20 余万人次；常态化开展法律、民主管理、心理、帮扶、普惠、安全等各类交流培训活动 120 余场，编印下发各类宣传读物 2 万余册，职工满意度达 90% 以上。

# 陕西省总工会坚持开展集体协商“要约行动”绘就职企双向奔赴的和谐新图景

近年来，陕西省总工会坚持将集体协商作为维护劳动者合法权益、构建和谐劳动关系的重要手段，聚焦社会关注的焦点、职工关心的热点、权益维护的难点，每年联合省协调劳动关系三方成员单位开展集体协商春季“要约行动”，依法推动全省企业普遍开展集体协商。

2024 年，陕西省总工会以“协商聚共识，共赢筑和谐”为主题，以民营企业为重点对象，以新就业形态劳动者为重点群体，以技术工人薪酬激励协商为重要方向，启动春季集体协商“要约行动”。突出新就业形态劳动者权益协商协调，引导平台企业以末端派费水平、最低劳动报酬标准、报酬规则、运输押金、保证金、平台派单规定、诉求投诉渠道等关系职工切身利益等事项为重点，创新协商方式，灵活开展协商。突出技术工人薪酬激励，引导企业通过集体协商建立健全基于岗位价值、技能素质、业绩贡献的技术工人薪酬激励机制，对高技能人才探索实行年薪制、技术入股、岗位分红等激励方式，激发创造力。

2023 年“要约行动”期间，全省新建集体协商制度企业 1278 家，签订集体合同 3388 份，覆盖企业 5845 家，覆盖职工 104.9 万人。评选新业态平台企业（行业）“集体协商十佳案例”，给予专项经费奖补，发挥示范引领作用。

# 北京市总工会完善多层级集体协商机制构建快递行业和谐劳动关系

北京市总工会坚持维权“向前一步”，积极探索、不断完善快递行业、企业多层级集体协商机制建设。

一是完善多层级协商机制。从行业实际出发，指导京东集团、顺丰速运等签订集体合同；针对快递行业协商主体健全、行业标准统一的特点，推进开展行业集体协商；联合市安全生产联合会、市快递协会共同制定《北京市快递从业人员劳动权益保障管理规范》。

二是丰富行业集体协商内容。初期，针对较为关注的安全生产问题，开展了劳动保护专项集体协商。2023年，广泛听取各方意见后，确定将劳动用工、休息休假、保险福利、技能激励等事项列为协商议题，签订包含劳动用工等内容的综合集体合同。

三是明确行业协商主体、选派协商代表。双方协商代表各10名，职工方首席代表由行业工会主席、市总工会服务工会副主席担任，企业方首席代表由快递协会秘书长担任，其中职工方协商代表有2名来自京东物流和圆通速递的一线职工代表。

四是召开协商会议，开展二次确认。通过“集中协商、二次确认、分别通过、属地备案”的北京市行业协商模式，推动各快递企业普遍开展二次协商，扩大合同覆盖面，将协商成果落地落实。

# 十二、参与劳动争议调解和职工法律援助

# 上海奉贤区总工会依托“五方联动”机制有效破解农民工欠薪难题

上海市奉贤区总工会坚持和发展新时代“枫桥经验”，充分发挥奉贤区政府与工会联席会议机制作用，牵头协调区法院、区检察院、区司法局和区人社局构建“五方联动”工作格局，于2023年11月联合成立“保障农民工工资支付法律服务站”，建立农民工欠薪治理协作联动机制。区总工会依托职工服务中心、劳动人事争议仲裁院和公共法律服务中心设立工会日常维权窗口，受理劳动争议案件线索，先行汇总分析研判，对证据不足的案件，提交人社局依职权调查取证，并由检察院协助收集证据；对于符合条件的案件，由工会通过参与争议调解、提供法律援助、与检察机关联合开展民事支持起诉等方式，推动农民工欠薪矛盾纠纷及时有效化解，全力当好农民工“护薪人”。

服务站成立3个月以来，以“五方联动”机制为抓手，统筹整合资源，科学优化流程，实现协商、调解、援助、执行有序衔接，经办7起欠薪案件全部调解成功，涉及农民工65人，挽回经济损失131余万元，最大限度将欠薪矛盾纠纷化解在基层、消解于萌芽，实现案结事了。

# 上海市青浦区快递物流行业劳动争议调解委员会圆通速递工作站“四情”调解化纠纷

上海市青浦区快递物流行业劳动争议调解委员会圆通工作站成立于 2020 年 9 月。站内配置调解员 6 人，其中 3 人为圆通速递有限公司人力资源部工作人员，2 人为人社调解员，1 人为工会调解员。

工作站充分发挥协商调解在矛盾纠纷预防化解和劳动争议源头治理中的基础性作用，坚持调解优先，能调不裁、能调不诉，把调解贯穿劳动争议处置全过程，把劳动争议化早、化小。做到小事不出企业、大事不出街镇、群案不出区，依法推动案结事了人和。运营至今，累计调解劳动争议案件 200 多件，服务快递从业者 850 多人，涉及金额 1500 多万元。同时，还服务周边行业及其他快递物流公司。三年来，圆通劳动争议案件逐年减少，没有发生一起群体性劳动争议案件。

圆通劳动争议调解工作站在三年多的调解工作实践中，积累总结了“四情”调解工作法，即接待员工付出真情，让劳动者感受到“娘家人”的温暖；调解工作投入感情，情、理、法并用，体现工会维权服务的效果和温度；引导双方互动共情，相互站在对方的立场看问题，维护职企利益共同体；调解成功结下友情，通过调解双方更了解、更信任、更团结，构筑起企业与劳动者利益共同体、事业共同体、命运共同体。

# 安徽滁州市总工会完善“法院 + 工会 + 人社”诉调对接机制 多元化解劳动争议纠纷

近年来，安徽省滁州市总工会紧扣助企纾困、推动构建和谐劳动关系目标，坚持调解优先，充分发挥人民调解、行政调解、行业调解的作用，大力推进“法院 + 工会 + 人社”劳动争议诉调对接和矛盾化解工作。市总工会积极与市中级人民法院、市人社局对接，联合印发《关于开展劳动争议纠纷诉调对接工作的实施意见》；通过聘任专职调解员、安排社会化工作者进驻工作室或法律顾问值班调解等方式，配齐配强工会劳动争议调解员队伍；推动在各县（市、区）法院诉前调解中心设立工会劳动争议调解工作室，在全市范围内挂牌成立 9 个工会劳动争议调解组织，接受法院委派委托开展劳动争议调解和释法答疑等工作；通过以案释法、观摩调解和网络在线培训等方式，开展调解员培训，不断提高调解能力；组织举办“送法进企业、普法进园区”法治宣传和“构建和谐劳动关系”主题沙龙等活动，培训企业劳动关系协调员、劳动争议调解员等 3500 多人。落实经费保障，推动将劳动争议调解经费纳入政府财政预算，将诉调对接工作经费纳入职工维权专项预算。

三年来，全市各级工会劳动争议调解组织累计受理劳动争议案件 1055 件，调处成功案件 784 件，调解成功率 74.31%，为推动构建和谐劳动关系、促进经济发展和社会稳定发挥了积极作用。

# 山东淄博市临淄区总工会创新“五位一体”服务模式 推动职工维权提档升级

山东淄博市临淄区总工会创新“普法宣传、风险排查、群体覆盖、争议化解、法律监督”五位一体法律服务模式，让维权工作不断“向前一步”。一是强化普法宣传前置。组建工会法律服务团，开展服务职工公益法律服务活动 32 场次，进行普法讲座 39 场次，覆盖职工 7000 余人。二是强化风险排查预警。落实劳动关系运行监测预警机制，健全劳动关系信息员、劳动争议调解员、工会劳动法律监督员、集体协商指导员队伍，常态化开展矛盾隐患排查。三是强化重点群体维权。成立 1 个区级维权服务基地、4 个行业维权服务中心、N 个维权服务站点，调解劳动争议纠纷 226 件，职工满意度 100%。四是强化矛盾纠纷化解。12 个镇街全部建设工会 + 法院 + 人社 + 司法“1+3”职工维权服务中心，设置调解室、仲裁庭等 15 个功能站（室），实现矛盾纠纷“商调裁诉援”一站式服务，2023 年调解劳动纠纷 786 件。五是强化劳动法律监督问效。设立 797 个工会劳动法律监督组织，建成区、镇街、企业三级劳动法律监督网络，深入 46 家企业开展劳动用工法治体检。

2024 年 1 月，临淄区总工会基层劳动关系公共服务项目被确定为第十批国家社会管理和公共服务综合标准化试点。

# 河南鹤壁市总工会探索“枫桥式工作法”推动劳动争议及时高效化解

近年来，河南省鹤壁市总工会探索“枫桥式工作法”，把劳动争议化解程序“联”起来、资源要素“聚”起来、配套制度“建”起来，极大降低职工维权成本，成功将多起劳动争议纠纷化解在基层，化解在萌芽状态。一是深化“调裁诉”衔接，推动纠纷化解关口前移。完善工会、人社、法院、司法多方参与的劳动争议化解机制，实现市、县（区）“工会 +”劳动争议多元调解模式全覆盖。健全配套制度，拓宽“工会 +”范围，把纠纷解决关口向协商调解前移。二是推进“园区 + 企业”维权工作站建设，推动纠纷源头化解。市总工会在工业园区内建立职工维权工作站，由园区工会、乡司法所、乡劳动保障所、乡法庭、乡派出所及各用人单位组成。同时，向下延伸，在园区企业中成立企业维权工作室，如鹤山区已建成 5 家职工维权工作站、30 家职工维权工作室，就地解决职工各类矛盾纠纷，实现“小事不出厂，大事不出区”。三是实施“线上 + 线下”融合，推动纠纷化解方式创新。市总工会推动实施“线上 + 线下”融合调解的工作模式，有效解决劳动争议纠纷线下调解耗时长、线上调解不充分等问题。

近两年，市总工会通过“枫桥式工作法”化解劳动争议纠纷 127 起，为职工挽回经济损失近 710 余万元，有效维护了职工合法权益。

# 广东汕头市总工会构建“工会 +”平台推动劳动争议多元化解

广东汕头市总工会不断拓展“工会 +”工作模式，整合优化工作资源，2017 年以来，先后构建了“工会 + 劳动监察”“法院 + 工会 + 劳动仲裁”“工会 + 司法 + 律协”“工会 + 劳动仲裁 + 工商联”等“工会 +”工作模式，逐步形成全链条的工会劳动纠纷多元化解机制，推动“枫桥经验”在工会系统的实践。

延伸工作触角，切实推动行业工会劳动法律服务和劳动纠纷多元化解工作。主动发起设立汕头市超市供应链行业调裁审一体化工作站、市快递行业劳动人事争议协商调解服务站。两个工作站日常工作由行业工会联合会负责，面向该协会会员单位和职工开展纠纷调解、法律咨询、普法宣传、法律培训等服务，已成功调解案件 20 多件，举办普法宣传八场次，努力把纠纷化解在基层、化解在萌芽，取得了良好的社会效果。

2023 年，市总工会单独或联合开展劳动纠纷调解 764 件，涉及金额 2000 多万元。注重个案化解，2024 年春节前夕，市总工会与市人社局、市中级人民法院对一件涉及 19 人的工资支付劳动争议案件开展联合调解，以工会工作者为主的三方联合调解团队经过耐心细致的工作，最终促成双方达成调解方案，并于当日先行支付一半的调解款项，妥善化解该群体性纠纷。

# 广东韶关新丰县总工会聚焦工会职工法律援助维护职工合法权益

近年来，广东韶关新丰县总工会立足维权服务基本职责，通过搭建法律服务平台、畅通职工维权渠道、建强法律服务队伍、创新法律服务手段等多种方式，积极参与劳动领域风险排查和劳动争议纠纷预防调处。通过购买社会服务形式配齐配强工会法律顾问团和专兼职调解员队伍，深入基层一线开展职工法律服务工作；建立县职工服务中心、镇综治服务中心和企业工作站等形式的三级职工法律服务阵地，帮助基层职工排忧解难；健全完善“劳动争议三方联调”、“工会 + 法院”诉调对接、“劳动仲裁 + 工会”联合调解等工作机制，切实做到职工维权有渠道、诉求有回应、服务有效果。

2020 年 10 月，新丰县某铝业公司因经营不善申请破产，200 余名农民工被拖欠工资，县总工会迅速派出工会法律顾问团提供法律援助。在涉案企业进行破产清算期间，工会律师团队坚持跟进案件，为农民工提供不间断的法律咨询等法律服务。2023 年 12 月，涉案企业完成破产清算程序，拖欠的农民工工资全部发放到位，历时 3 年的拖欠农民工工资案件得以妥善解决。

据统计，2021 年以来，新丰县总工会协调处理劳动争议案件 58 件，涉及职工 415 人次，为职工挽回经济损失 626.4 万元，在维护职工队伍整体稳定、推动构建和谐劳动关系等方面发挥了积极作用。

# 重庆市忠县总工会构建“1+3+5”群众性劳动争议化解工作体系

近年来，重庆市忠县总工会着力深化劳动争议纠纷源头治理，推动构建“1+3+5”群众性劳动争议化解工作体系，提升争议预防调处效能，最大限度将劳动争议处置在早、化解在小。

一是建立一站式解决纠纷平台。设置工会综合法律点，建立劳动争议一站式解纷平台，通过流程优化、协同推进实现纠纷预调、劳动监察、劳动仲裁、法律服务、司法确认等 5 个环节无缝衔接，有效降低了职工的维权成本。

二是筑牢矛盾化解三道防线。通过党建共联共建促进企业“自检”、开展劳动法律监督专项检查、深入企业进行“法治体检”等方式，抓前端、治“未病”，筑牢“无诉”第一道防线。通过构建多元协同调处机制、创新分级调解方法、发布典型案例等方式，抓中端、治“欲病”，筑牢“止诉”第二道防线。通过速调快解提高效率、数字赋能优化服务、坚持进行案件回访等方式，抓末端、治“已病”，筑牢“息诉”第三道防线。

三是构建五方联动工作机制。县总工会牵头与县司法局、县人社局、县法院、县检察院签订劳动争议纠纷预防化解五方联动机制框架协议，建立群众性劳动争议化解机制。2024 年 1 月，县总工会与县人民法院联合开展调解，及时调处了一起 27 名聘用退休人员被拖欠退休前应休未休年休假工资报酬案件，27 起纠纷实现一次性调解、一次性确认、一次性履行完毕。

# 四川成都青白江区总工会<br>“三举措”按下劳动纠纷多元化解“快进键”

近年来，四川成都青白江区总工会创新实施“三举措”，推动建立“一站式”联处中心，探索劳动纠纷多元化解新路径。

一是建好运行保障机制，树立多元化解“风向标”。成立由区总工会主要负责人任主任的区劳动争议人民调解委员会，区总工会牵头建立联席会议制度。制定出台《“一站式”多元化解联动处置工作机制》等 13 份文件。

二是注重调解工作闭环，解好劳动纠纷基层治理“应用题”。打造“一站式”联处中心实体平台 1 个，在 7 个镇（街道）、3 个产业园区设立“一站式”联处分中心，构建“1+7+3”全域纠纷调解工作网络。设置“扫码投诉、电话投诉、现场投诉”等联络平台，充分利用市“一站式”投诉处理平台全程跟踪办理进度，形成“渠道畅通、层层调处、及时反馈、精准解决”工作闭环。

三是推进职能延伸，弹好劳动纠纷多元治理“和谐曲”。综合运用“联合调、快捷调、就近调、云端调、专业调”，打造“青 e 调”劳动纠纷多元治理品牌。按照“就近申请、全区通办、只跑一次、进度可查、智慧调解”的原则，向劳动者提供分层次、多途径、高效率的多元解纷服务，将案件办结时间由 60 日缩短至 15 日。

“一站式”联处中心建立以来，累计受理各类劳动纠纷案件 6172 件，涉及金额 1.577 亿余元，调解成功率达 90.62%。

# 贵州贵阳观山湖区总工会以“职工维权服务站”为抓手 竭诚做好职工维权服务工作

贵州贵阳观山湖区总工会坚持和发展新时代“枫桥经验”，积极整合多方维权服务功能。2022 年 4 月，联合区人社局等部门成立“职工维权服务站”，6 月在全区 10 个镇（街）成立“观山湖区职工维权服务站分站”，为职工提供便捷高效的“调裁诉”一站式法律服务。一是夯实组织保障。制定《观山湖区职工维权服务站暨劳动仲裁服务中心规范化建设实施方案》，成立工作领导小组，在区劳动人事争议仲裁院设立独立办公场所，建立“1+4+N”工作机制（“1+4”即“工会 + 人社、工会 + 司法、工会 + 法院、工会 + 信访”，“N”即“N 个行管部门、N 家用工企业、N 名职工群众”），引入公益律师团队、人民调解组织、法院诉调平台、法律援助服务等资源，开辟维权服务专线。二是抓实运行保障。制定规范服务、考核考评等 10 余项制度，制定发放《职工维权服务站告知书》、《职工维权服务站群众满意度测评表》，督促提升维权服务质量。截至目前，累计发放告知书 3400 余份，填写测评表 3400 余份。三是扎实配套保障。区总工会和区人社局共同安排“职工维权服务站”工作专项经费，组建了一支 73 人的调解员队伍。“职工维权服务站”建立以来，累计接待法律咨询 3800 余件次，服务职工 4700 余人次，代写劳动仲裁申请书 525 份，调解劳动争议纠纷 125 件，涉及金额 367 万余元。

# 十三、劳动法律监督“一函两书”

# 江苏江阴市总工会用好“一函两书”<br>紧盯“三关” 全周期筑牢和谐劳动关系屏障

江苏江阴市总工会创新实践工会劳动法律监督，立足“用工指导”，聚焦“全周期”，紧盯“三关”，用 629 份监督《提示函》、125 份《意见书》、3 份《建议书》，为 629 家企业提供全周期“用工指导”，发现劳资隐患 345 个、化解劳动纠纷 205 个，为全市和谐劳动关系构建贡献了工会力量。

一是把好“筛查关”，确保目标精准性。江阴工会与市监局等向新建企业等发放《规范企业用工监督提示函》，提示其合法经营、规范用工。从 12351 热线库、仲裁和法院立案库、“云监督”数据库等中筛选“用工指导”对象，向有用工隐患单位发放《切实防范劳动用工风险监督提示函》，并赠送十项规范用工锦囊。二是盯好“流程关”，确保事项规范性。江阴工会在精心设计 17 类 68 项“指导清单”的基础上，由 97 名法律监督志愿者按提前通知—实地“用工指导”（“云监督指导”）—反馈结果（发《意见书》）—督促整改的流程，对企业在用工前、用工时、用工后遵守劳动法律法规的情况进行监督。三是用好“评估关”，确保结果实效性。江阴工会视“指导”结果，通过现场口头或发《意见书》方式提醒企业及时整改；3 家企业有严重违反劳动法律法规情况，依法向劳动行政部门发出《建议书》，并建议综合执法部门、检察院等跟进处置；及时参与调处 205 件被指导企业劳动纠纷；将“用工指导”结果作为企业评先推优的依据。

# 云南昆明安宁市草铺街道总工会
# 织密事前、事中、事后维权网络
# 妥善解决农民工欠薪问题

云南省昆明安宁市草铺街道总工会注重事前源头预警、事中监督整改、事后及时解纷，积极维护职工劳动经济权益。事前，与用工单位签订《农民工权益监督约定书》；事中，对用人单位违反劳动法律法规、侵害职工合法权益行为，及时发出《工会劳动法律监督提示函》、《工会劳动法律监督意见书》或《工会劳动法律监督建议书》，督促用人单位整改；事后，通过“工会 + 法院”、“工会 + 司法”、“工会 + 劳动监察 + 劳动仲裁”多管齐下，多方联动形成合力，有效化解劳动争议纠纷，做到小事不出工地，大事不出街道，辖区劳动争议纠纷案件不发生越级上访行为，为安宁“工业立市”发挥工会力量。

在晏某等 89 名农民工被拖欠工资案件中，草铺街道总工会核实情况后，第一时间下发《工会劳动法律监督意见书》，并通知项目总包方和建设方到工会协调解决。后续联合人社、法院、司法等部门负责同志，组织建设方、总包方及农民工代表进行协商并达成协议，同时向安宁市人民法院提请司法确认，使 89 名农民工最终拿到 390 余万元工资。

# 辽宁沈阳皇姑区总工会<br>引入“意见书、建议书” 构建和谐用工环境

2023 年，辽宁沈阳皇姑区总工会在全区开展“走进企业、走进矛盾、走进信访人”（以下简称“三走进”）活动，对 58 家企业用工常见问题进行“点对点”和“面对面”式解答，对企业履行劳动合同等情况进行法律监督，从源头上帮助企业发现劳动用工方面存在的法律风险，化解风险及矛盾 40 件，发放法律宣传用品 2000 多份，引导企业依法规范用工，推动职工合法权益得到落实，达到企业劳动关系和谐稳定的工作目标。

通过“三走进”活动，皇姑区总工会发现企业与职工未签订劳动合同等方面问题，及时下发《工会劳动法律监督意见书》，指导企业进行规范用工。区工会在开展用工指导中发现，王某入职某科技公司后，公司一直未与其签订劳动合同，缴纳社会保险，后公司以不遵守公司规章制度为由与其协商辞退事宜，在就离职原因双方未达成协商一致的情况下将其辞退，王某提出公司要向其支付未签订劳动合同双倍工资差额、未支付工资等诉求。区工会在发现该情况后，立即派调解员现场梳理事情经过，及时进行处理，引导双方当事人互相理解、认可，最终双方达成一致意见，对于王某的各项诉求，公司同意一次性给付 4000 元作为赔偿。

该职工权益能够及时得到维护，是引入“两书”制度措施的有效尝试，更是有效规范企业和劳动者、构建和谐用工环境的重要体现。

# 北京市总工会以专业劳动用工指导创新工会法律监督方式

近年来，北京市总工会加强用人单位劳动用工指导工作，将其作为工会劳动法律监督的重要方式。市、区两级工会整合资源，加强与人社局等单位的合作，结合劳动争议调解、舆情监测联动处置等机制，由工会干部和专业律师组成指导团队，深入企业、社会组织等开展劳动用工指导。北京市总工会设计了统一的提供材料清单、自查问卷、回访记录表等文件，通过走访座谈、查阅制度文件等方式，查找用人单位用工问题和风险并提出完善建议，形成“四位一体”的工作体系，即出具用工指导报告、开展普法宣讲、提供法律咨询、指导化解劳动争议，“一对一”指导用人单位及时整改，建立合法合规的管理制度。北京市总工会通过劳动用工指导，将劳动纠纷化解在前端、化解于未然，推动构建分类施策的工会法律监督体系，从源头上维护好劳动者合法权益，也为基层工会开展法律监督提供专业支撑。

三年中，全市共为 443 家单位提供指导，查阅规章制度、合同表单等文件 3700 余份，发现劳动用工风险点 1500 余项，提出改进建议 1600 余条，涉及职工 17 余万人次，每年形成调研报告，总结共性风险点共 32 项，得到多家媒体报道，受到各方普遍好评，有效提高了工会法律监督的覆盖面、精准度、实效性。

# 四川德阳市总工会将“找问题”变成“找办法”让“对我进行监督”成为“我要接受监督”

为帮助企业及时有效应对后疫情时代叠加经济结构调整带来的劳资风险，尽快构建健康稳定的劳资关系，自 2021 年起，四川省德阳市总工会开展了以“十个一”为主要内容的企业“劳动稳定风险监督”工作，即为企业开展劳动用工法律风险排查一次，在职工队伍中开展职工队伍稳定隐患排查一次，为企业经营管理人员和职工开展法律讲座一次，为企业提供法律和决策咨询一次，为企业制定防范和避免法律风险的“法律处方”一次，帮助指导企业按“法律处方”规范整改一次，指导企业工会调处企业内部劳资争议案件一批，开展一次困难职工摸底排查着力解决一批职工困难，指导开展集体协商一次，推动企业与职工签订集体（专项）合同一份。

截至目前，德阳工会共为 90 家行业代表企业开展用工隐患排查，举办法律专题讲座 90 场，开具“法律处方”90 份，帮助企业消除劳资领域风险点 930 余个，指导企业签订集体（专项）合同 118 份，帮扶困难职工 134 人次，被排查企业劳资关系和谐稳定，无一例侵害职工合法权益案件发生。劳动稳定风险监督已将“找问题”变成了“找办法”，让“对我进行监督”成为“我要接受监督”，有力促进了企业劳资关系和谐稳定，有效引导了企业劳动保障制度的落地落实。

# 青海海东市总工会多措并举
# 着力解决农民工欠薪问题 保障职工工资收益

青海海东市总工会针对工程项目领域农民工欠薪问题，迅速制定工作方案，加强协调联动，多措并举，通过宣传引导、排查隐患、参与调处欠薪案件等方式，切实维护农民工合法权益。

海东市总工会深入农民工集中的工程建筑领域、制造业、餐饮服务等重点企业，宣传《工会法》、《保障农民工工资支付条例》及劳动报酬相关法律法规，引导广大农民工依法依规表达合理诉求，理性维护合法权益，有效避免群体性、极端性事件发生。市总工会通过工会用工指导活动，督促企业整改劳动用工问题，充分发挥企业工会劳动争议调解委员会的作用，对拖欠农民工工资、工伤赔偿等问题提前介入解决，切实把劳动纠纷化解在萌芽状态。发生欠薪案件和网络舆情时，工会干部第一时间介入，及时核实了解相关情况，倾听职工诉求，安抚职工情绪，合理引导职工依法维权，迅速提出合理解决方案及渠道，做到线上线下同步处置，有效防止了舆情发酵蔓延，让职工充分感受到党和政府的关心和温暖。

自开展根治欠薪工作以来，海东市总工会协助市劳动监察部门解决了海东工业园区工程建设领域 5 家企业拖欠 2459 名农民工劳动报酬的问题，涉及金额 3159 万元。

# 湖北省总工会构建“检察 + 工会”劳动者合法权益保障协作机制

湖北省总工会联合省检察院印发《关于构建“检察 + 工会”劳动者合法权益保障协作机制的通知》，明确建立健全工会劳动法律监督与检察监督协作机制，推动实现工会劳动法律监督与检察监督双向赋能，共同促进劳动关系和谐，更好维护劳动者合法权益。

湖北省各级地方工会和检察机关探索建立沟通联络、会商研判、专项行动、线索移送、调查配合、检察建议、法宣联动等 7 项协作机制。定期召开会议，双向通报涉及劳动权益保障领域的重要工作部署和案件办理情况，推进双方相关信息共享和数据交换。针对侵害劳动者合法权益的普遍性、典型性问题进行分析研判，强化对依法惩治恶意欠薪、维护新就业形态劳动者劳动经济权益等重点工作的监督合力。

工会开展劳动法律监督发现的劳动领域违法问题线索，属于检察机关监督范围的，及时移送检察机关，检察机关对符合条件的案件依法开展检察监督。工会组织可派员作为特邀检察官助理，参与相关案件调查、听证、整改成效评估等工作。双方深入园区、企业，联合开展普法宣传、法律服务等，达到“办理一案、规范一类、治理一片”的效果。

工会组织和检察机关强化工作统筹，明确责任分工，整合队伍力量，发挥专业优势，搭建运行通畅、高效便捷的矛盾纠纷化解平台，形成多元协同保护劳动者合法权益的治理格局。

# 贵州省总工会与省检察院联合建立劳动者权益保障工作协作机制维护职工队伍和社会和谐稳定

贵州省总工会与省检察院联合下发《关于印发〈关于建立劳动者权益保障工作协作机制的意见〉〈关于协作保障劳动者合法权益的会议纪要〉的通知》，充分发挥全省各级工会组织和检察机关的职能优势，实现工会劳动法律监督与检察机关法律监督双向赋能，建立劳动者权益保障工作协作机制，保障劳动者合法权益，推动构建和谐劳动关系。

一是建立沟通联络机制。各级工会与检察机关对口联系，建立常态化沟通机制，加强信息互联互通，实现信息共享、优势互补。二是建立线索移送机制。各级工会综合运用“一函两书”做好事前监督、风险提示与线索移送工作。各级检察机关在 12309 检察服务热线开设劳动者维权专席。同时双方进一步强化数字赋能，在开展数据共享等方面加强合作。三是建立会商研判机制。各级工会与检察机关定期开展工作会商、分析研判，共同推动解决问题。四是建立办案配合机制。坚持和发展新时代“枫桥经验”，联合促进劳动争议、人事争议多元化解，构建工会和检察机关之间相互支持配合的工作格局。五是建立宣传联动机制。各级工会与检察机关共同加强有关劳动者合法权益保障工作动态、重要政策的宣传，定期对“一函两书”等制度实施情况进行总结和通报，联合评选典型案例、优秀文书并推广。

# 十四、智慧工会建设

# 甘肃省总工会打造“1216+N”建设体系跑出工会数字化加速度

甘肃工会“智慧工会”平台建设从工会数字化转型的切入点、结合点和着力点出发，按照“省总统一规划、统一建设、统一部署，市州享省级支撑、创特色应用，县级及以下以用为主、服务下沉、能力穿透”的原则打造数字工会“1216+N”建设体系，即 1 个一体化智慧平台，2 条面向职工服务和工会工作的主线，1 个归集融合全省工会数据和政务数据的数据中台，6 大重点场景，N 项服务模块，实现甘肃工会数字工会“从无到有”的突破。

数据三位一体，构建全省工会数据新底座。“智慧工会”平台以数据整合应用为手段，以一体化数据中台为载体，构建基本数据库、主题数据库和工具数据库三位一体的智慧工会数据新底座。目前完成 10 项基本数据库及 21 项主题数据库的建设工作，完成 5 万余条工会组织、300 万名工会会员数据清洗工作，并面向市（州）、区、县、基层企业进行数据贯标，整合接入各级工会数据。

服务多级联动，实现全省工会服务一张网。以职工多元化需求为导向，以“陇工惠”子站模式为手段，纵向贯通省市县基层各级工会组织，横向探索工会与企业组织、社会组织的合作框架，促进工会数据要素在各级工会之间流通，汇集工会内外的线上服务资源统一入口，打造甘肃工会“生态服务”大格局。

# 陕西西安市总工会<br>App 子站数智赋能“全域 +”工会

近年来，陕西省西安市总工会按照“网聚职工正能量、网促奋进建功业、网上赋能促成长、网建服务新平台、网筑互动连心桥”建设思路，加快推进工会工作数字化建设。2024 年 1 月 23 日，上线发布“陕西工会 App 西安子站”。平台累计访问量近 2 亿人次，平均日活量近 11 万人次，有力提升了工会工作的组织力、引领力、服务力。

一是突出顶层设计，夯实建设基础。2019 年，成立了西安市总工会网络中心。制定“三年规划”和“建设方案”，提出“实施意见”，明确“一网融合、两个覆盖、三网并用、四大建设、五类应用”建设目标。二是紧贴“三工”需求，精心设计架构。按照“建用结合、迭代开发”原则，搭建应用支撑、数据中心等 4 个方面数十个模块，形成了“四服务、一矩阵”“全域 +”工会服务体系。三是着眼服务模式，拓展应用场景。从 8 个服务方面入手，设计多个应用场景。其中，“悦工友”小程序上线后，22 个功能职工访问量超过 5000 万人次。四是探索人工智能，用好数据赋能。设置建会入会、就业服务等 3 大类 24 个功能模块，创建 5 个特色服务群，打通服务职工群众“最后一公里”。

# 广东广州海珠区“工会数字人”进驻园区服务职工

广东省广州市海珠区总工会针对区内工业（产业）园区众多、工会阵地和服务延展不够等情况，发挥处于国家人工智能和数字经济试验区的优势，自 2023 年 5 月开始，大胆尝试应用人工智能技术开发“工会数字人”，24 小时零距离服务职工。

“工会数字人”采用云计算、AI 虚拟人等技术，实现人机对话、语音助手等多模态交互，提供“认识工会”“我想入会”“建会须知”“维权服务”“惠工福利”“民主管理”六大板块服务，上线 7000 多个工会业务知识点和劳动关系法律常识，汇集了全市劳动争议方面 400 余个案例的法律法规及政策解读，职工可以“一码入会”，也可以进行诉求表达，提高了工会服务的智能化、标准化、规范化水平。

“工会数字人”入驻 10 个园区和服务站点以来，访问量达到 38.8 万人次，解决各类问题 8381 个，多名职工通过“工会数字人”解决了劳动权益纠纷。

# 安徽合肥市科大讯飞股份有限公司集团工会打造在线互动式职工诉求表达通道

安徽合肥科大讯飞股份有限公司集团工会充分利用公司的技术和平台，积极推进创新数字化服务，“钻石社区”“高管面对面”作为自下而上倾听员工心声，构建简单真诚组织文化氛围的重要渠道应运而生。“钻石社区”的平台管理、运营角色分工明确，设立巡查通报与问题反馈跟进机制，社区管理员每日巡查，与相关部门密切沟通，24 小时内回复问题帖，针对重要问题形成重点待办，协同相关部门开展调查与解决，并重新反馈说明以形成闭环。目前员工问题反馈与跟进处理机制有效运转，年均处理员工反馈的问题 1500 件以上，反馈率 95% 以上。部分高价值问题有效促进公司管理改进，传递公司文化价值观。

每场“高管面对面”活动会邀请 2 ~ 5 名高管，约 60 名员工现场参与交流，同时开放全员直播渠道。近一年，共计有 1 万余名员工线上、线下参与，以“员工问，高管答”的形式，回应员工有关薪酬绩效、星火认知大模型、人工智能小镇、校招生培养与发展、任职资格等各类问题 500 余个。不仅提高了职工满意度，也为集团的持续发展提供了有力支持。

# 天津市总工会打造“津工智慧平台”深入推进网上职工之家建设

天津市总工会于 2019 年 5 月建成了“津工智慧平台”。上线 4 年来，核心应用“知工”App 用户下载量达到 479 万次，“津工 E 家”微信公众号用户数达到 116 万人，平台活跃度不断增强。市总工会始终把加强思想引领作为智慧工会建设的最终目的，通过网上惠工服务带动职工阅读流量，不断提高平台活跃度，实现思想引领与普惠服务深度融合。

“知工”App 共推出“学新思想”等 10 余个新闻专栏，每天发布稿件约 80 条。平台推出惠享超市等五项惠工服务和重病关爱大病救助、法律服务等多项贴心暖心的工会服务，5 年来投入惠工资金 1.2 亿元。平台还建立网上建会入会、云端职代会等工会业务系统，持续服务职工、引领职工、凝聚职工。平台还建成了全市工会实名数据库和网上协同办公系统，形成全市一张网。市总工会通过大数据分析，了解职工思想状态、劳动关系状况等情况，指导做好服务工作，同时对职工进行画像，用数据指数驱动思想引领有的放矢，也保证了平台的吸引力和活跃度。

# 安徽省总工会叫响做实网上“五一学堂”品牌

安徽省总工会在优化产业工人数字学习环境，满足职工个性化学习需求方面积极探索，建设集培训、练兵、比赛、晋级“四位一体”的网络学习平台。“五一学堂”上线运行以来，注册学员 32.71 万人，服务企业 11.55 万家、工会组织 10.73 万家，浏览量超 500 万次。

坚持资源开放、系统开放、生态开放，与多方携手合作，构建 6 大课程体系，4000 余门课程向社会免费开放，面向省内所有工会开放组课考证、积分管理、证书配置等功能，县级以下工会共组织网络培训 833 次、网上练兵 271 场。上下联动开展“党的二十大 职工 E 起学”网络专题培训，实名培训人数达到 4 万人以上，70 万人次参与学习，日均浏览量达到 10 万 +。实现一库统揽、一码通办、一课探微，依托全省工会实名制数据库，班级内学员扫码实名报名学习考试，每门课每门考试生成大数据，知晓全网对相应课程关注度，为后期课程设置提供数据支撑。

# 陕西省总工会依托数字工会“一张网”打通服务基层职工“最后一公里”

陕西省总工会以平台建设为抓手，以“网络强会、服务职工”为宗旨，建设陕西工会网上服务平台，上线 30 余项工会业务，联通工会组织 14.6 万个、实名会员 826 万人，陕西工会 App 下载量超 800 万次，注册用户 150 余万人，基本实现了“基础数据全省统一、基本业务全省通办、普惠服务全省共享”。

一是加大建设力度，构建特色鲜明的网上工作体系。建成了具有陕西特色的 31312 数字工会体系，即三大入口、十三个平台、一个中心、两个商城，办理业务 30 万余件。两个商城累计销售额超 2.4 亿元，被评为“全国消费帮扶助力乡村振兴典型案例”。二是广泛聚合资源，提升工会维权服务水平。开发求学圆梦、新就业形态劳动者入会小程序等，投入普惠资金 1200 余万元，撬动社会资金 5000 余万元，实现“月月有活动，逢节送福利”，开展活动近 200 项，惠及职工 1000 多万人次。三是强化基层指导，实现省市县多级工会联动。开通陕西工会 App 子站 31 个，对接大型企业、高校工会自有服务平台，形成了“省总主导、地市跟进、产业参与、协同互动、线上线下有机融合”的网上大生态。

# 辽宁大连市总工会 职工医疗互助“一站式”结算

辽宁大连市职工医疗互助“一站式”结算平台，是大连市总工会运用大数据技术，创新带动职工服务延伸到网上，探索城市智慧化“互联网 +”职工医疗互助服务的新举措。依托全国医疗保障信息平台，在辽宁省总工会数字工会建设引领下，实现医疗保障和职工医疗互助的数据互通，让职工从传统的提供材料，人工审核发放补贴，到如今在全市定点医疗机构刷医保卡结算时同步完成基本医疗保险和工会医疗互助的同步报销，“一站式”结算大大减轻了企业和职工的负担，达到了数据多跑路，职工少跑腿的服务效果。

2023 年，参加医疗互助职工达 30.08 万人，共为 7.79 万人次的职工发放补助 2915.46 万元，职工报销人次较 2022 年度同比增长 185.51%，受到广大职工欢迎。2015 年以来累计补助职工 22.32 万人次，补助金额 1.99 亿元。

# 浙江宁波奉化区总工会 打造“360”劳动争议多元化解数字应用

浙江宁波奉化区总工会以全国总工会和最高人民法院的试点工作为契机，着力构建以三道防线、六项举措、调裁诉闭环机制为主要内容的“360”劳动争议多元化解模式，并结合数字化改革，打造数字应用，在助推社会智治进程中提供前端化预警、及时化处置、一体化调解的“工会引擎”。

一是“预警”环节多方参与，让预警更靠前、更全面。异常信息采集从人工填报转化为职工扫码报、网格员定期报、跨部门数据感知的新模式。基层上报劳动关系纠纷隐患数据可做到一表到位、部门互通、同步更新的精密协同。二是“处置”环节多向流转，让处置更高效、更精准。依托预警信息采集，对异常数据进行分析计算，以“红黄蓝”分级预警跟踪机制，自动生成处置文本，按照“属地管理、多跨协同”原则，有针对性地开展法律宣传、法律监督、法治体检等服务，实现劳动纠纷隐患早发现、早介入、早处置。三是“调解”环节多方联动，让调解更方便、更权威。劳动争议调处模式从线下调、职工跑转变为云上谈、协同办，案件的详情都可通过“360”应用进行查看，做到案件集约化、可视化管理，有效缩短调解周期，降低维权成本。

# 江西铜业工会建设新时代“铜行业”网上工匠学院助力产业工人队伍素质提升

江西铜业工会精心打造新时代“铜行业”网上工匠学院，助力江铜快速培养一支有理想守信念、懂技术会创新、敢担当讲奉献的高素质产业工人队伍。新时代“铜行业”网上工匠学院作为江西省“铜行业”工匠学院的重要组成部分，是承担加强职工教育培训、提升职工技能素质、开展职工技术创新活动、孵化展示交流转化技术创新成果、标杆班组对标创建等职责的全新线上平台。包括分院组织管理、劳模工匠风采、“铜”心大讲堂、闯关练兵、劳模和工匠人才创新工作室、班组建设和竞赛管理、数据统计分析等功能模块，实现了组织和劳模工匠信息实时更新，教育培训资源最大化共享，每日积分激励网上答题，工作室和班组创建日常工作效率提高，班组创建的全时段全要素对标。

网上工匠学院现有 2.6 万名用户，涵盖 42 个工种在线课程视频和题库等内容，每年吸引 30 多万人次在线学习，同时显著提高了劳模工匠信息采集和日常业务工作效率，成为江铜组织开展技能竞赛、班组长竞赛以及工作室和标杆班组创建的重要支撑。江桐已孕育出近百位省级以上技术能手和数百名技师、高级技师。

# 十五、女职工工作

# 浙江省总工会汇聚用人单位托育服务工作合力

浙江省总工会将联合推进用人单位托育服务工作建议作为省总工会与省政府联席会议议题审议通过。2024 年初，联合省发改委、省卫健委、省政府妇儿工委办公室下发《关于联合推进用人单位托育服务工作的实施意见》，全面汇聚推进用人单位托育服务工作合力。

一是构建体系。自上而下构建用人单位托育服务工作体系，建立政府主导、群团协作、用人单位参与的工作机制，省发改委、省卫健委、省政府妇儿工委办、省总工会等部门各司其职，依托现有资源，合力推动托育服务发展。目前，全省用人单位开办嵌入式托育园 111 家，共计提供托位数 6228 个。二是科学办托。尽可能盘活现有公共服务场所和设施，按需设托、分类配置。建立健康指导员制度，定期驻派儿童保健人员为婴幼儿进行体格检查和健康筛查。目前已形成产业园区嵌入模式、医育结合模式、“用人单位 + 第三方运营”模式及用人单位托育联盟模式等为代表的托育服务模式。三是提升质效。积极培育示范典型，开展浙江省爱心托育用人单位选树。举办托育行业相关职业技能竞赛，开展育婴托幼职业技能培训，2023 年开展托育服务专项技能培训 23 场。

# 重庆市总工会创新“123+N”体系<br>做靓“工”字号婚恋交友服务品牌

重庆市总工会以“平台 + 活动 + 服务”三位一体工作机制为抓手，创新“123+N”体系，全力点亮“渝见 · 会聚良缘”职工婚恋交友金字招牌。

一是做强“1+N”交友平台。依托数字工会建设，将信息发布、线上报名、交流互动等功能统一纳入“渝快办”平台。各级工会组织打造含主题文旅、兴趣培训、情感指导等功能的“爱情基地”，1 个线上平台与 N 个线下阵地深度融合，提高职工参与便捷度。

二是做精“2+N”主题活动。打造市级示范及专场活动，聚焦“大而全”，在七夕等传统佳节开展示范活动，吸引全市各行各业职工积极参与；聚焦“小而精”，融合行业特征与职工兴趣爱好开展专场活动，创新“培训 + 交友”模式，让职工既交朋友又学技能。同时指导各级工会组织开展区域性特色活动，2 类市级活动与 N 类区域性活动高效覆盖职工需求。近三年组织活动近 2000 场，服务职工 12 万余人次。

三是做细“3+N”联动服务。工会、团委、妇联 3 方共建，联合情感专家、志愿红娘在内的 N 方团队，开展“心灵护航”婚恋课堂，助力职工树立积极理性的婚恋观；志愿红娘牵线搭桥，开展“一对一”精细化服务，切实提高职工参与获得感。

# 宁夏回族自治区总工会开展“安全生产——女职工在行动”活动

为推动宁夏回族自治区“1+37+8”系列文件在女职工中落地落实，2024 年 2 月，宁夏回族自治区总工会在灵武市羊绒产业园区启动“安全生产——女职工在行动”活动。来自园区的 200 多名女职工参加活动。

活动现场，宁夏安全标准化评审专家结合当前安全生产面临的新形势、新任务、新要求及羊绒产业女职工安全生产生活面临的实际问题，向广大女职工宣传、普及安全生产生活知识，给大家上了一堂生动的安全生产培训课，特别是通过剖析讲解安全生产案例，引导广大女职工切实树牢安全防范意识、掌握安全避险知识。同时，号召广大女职工充分发挥在工作和家庭生活中的独特作用和优势，立足本职岗位和家庭，及时发现和消除安全隐患，守牢安全生产底线，推动企业把安全生产抓在平常、严在日常。活动当天，吴忠市、中卫市、盐池县等工会同步开展“安全生产——女职工在行动”活动，在全社会营造关注安全、学习典型、守护安全的良好氛围。

# 辽宁鞍山市总工会着力解决单身职工婚恋难题 精心打造“会聚良缘”服务品牌

辽宁鞍山市总工会成立红娘志愿者团队，广泛吸收婚恋专家及政工干部等加入红娘志愿者队伍，鞍山市已有红娘志愿者 225 名。定期召开红娘志愿者工作会议，进一步提升婚恋服务工作水平。依托红娘志愿者队伍完善鞍山市单身职工数据库，现库内录入动态单身职工信息 4601 人。建立市县两级工会红娘工作室，2021 年，市总工会红娘工作室成立，配备 1 名专职人员负责日常工作。开展婚恋讲座 15 场，参与人数 5000 余人次；组织联谊活动 30 场，惠及职工 2000 余名。创新活动载体，在新开通的“千山号”文化旅游专列开展寻爱之旅联谊活动，在拓宽交友平台的同时，有效弘扬鞍山文化和物产。开展精准配对的专场交友活动，通过初筛配对，现场牵手率从原平均 10% 提升至 30% 以上。紧随时代步伐和时下单身男女喜好，设计旅游踏青、运动游戏、厨艺比拼等多元社交活动，坚持每个月一次小型见面会，每季度一次同层次或交叉层次见面活动，每年一次鞍山市高精尖人才定位婚恋服务见面会，实实在在为鞍山市留住人才作贡献。

# 江苏扬州市总工会成立<br>新就业形态劳动者行业工会女职工委员会<br>共筑新就业形态女职工“温馨之家”

2024 年 3 月 11 日，江苏扬州市总工会召开新就业形态劳动者行业工会联合会成立大会，成立新就业形态劳动者行业工会联合会，女职工委员会同步成立。扬州新就业形态劳动者行业工会女职工委员会经过反复征求意见、多方会商，由各级新就业形态劳动者行业工会联合会、新就业形态平台企业工会负责人代表，市、县两级工会女职工干部组成，初步构建了“业务有指导、县区有辐射、基层有抓手”的工作格局。力争 2024 年上半年，实现全市新就业形态劳动者行业工会女职工组织全覆盖。

成立新就业形态劳动者行业工会女职委为开展新就业形态女职工维权关爱打下坚实基础，理顺了工作指导、基层落实的关系，形成了新就业形态劳动者行业工会女职工委员会建立模式，为推进组织全域覆盖进行了积极探索。市总工会女职委把新就业形态劳动者行业工会女职工委员会纳入市总工会女职委统一管理，同时发挥行业工会女职委牵头抓总作用，策划新就业形态女职工关心关爱系列活动。

# 浙江嘉兴市总工会构建“五彩温暖行动”工作范式用心用情用力关爱一线女职工

近年来，浙江嘉兴市总工会聚焦一线女职工所需所盼，广泛动员各界力量，常态化、机制化推进“五彩温暖行动”，打造了关爱女职工的嘉兴范式。“你的柔情我最懂”2024 嘉兴市关爱一线女职工“五彩温暖行动”吸引超 10 万名观众在线观看，《工人日报》等主流媒体作了报道。截至目前，“五彩温暖行动”已服务女职工超过 20 万人次，社会反响热烈。

一是围绕红色引领，送“温馨思政课”，由全市三级工人文化宫组成领讲员队伍，为女职工班组送去 2000 场接地气的“守好红色根脉 · 班前十分钟活动”宣讲。二是围绕橙色关爱，送“阳光节日礼”，为商圈、农贸市场、环卫保洁等领域及患病住院女职工派送暖心大礼包 1 万多份。三是围绕绿色养生，送“悦己礼遇班”，给全市 2000 多名女劳模工匠提供免费或优惠体育锻炼专场。四是围绕金色共富，送“圆梦私享课”，根据嘉兴市场发达、电商行业从业女性众多的特点，以工会培训机构为主阵地，邀请实战派电商主播等举办百堂“私享课”，有力提升新业态领域女性劳动者技能。五是围绕蓝色未来，送“成长全家桶”，创办“嘉工鹊桥会”，成功牵线 800 多对；为约 5000 户新居民家庭送去家庭教育“爸爸课”、困难职工家庭子女篮球课和免费就业辅导课等。

# 暖心服务 倾心呵护
# 湖南长沙市总工会开展星级母婴室评选活动

2018 年，长沙市总工会推进母婴室建设工作纳入长沙市政府实事工程，全市稳步推进“母婴（亲子）关爱室”建设工作。截至 2023 年底，已创建市级母婴室（亲子室）232 家，有效解决女职工的生育后顾之忧，为城市的发展注入温润内核。

2022 年，围绕“职工生育后顾之忧情况分析”在全省开展调研，为长沙市科学合理、因地制宜地开展母婴室创建工作提供详实数据支撑。2023 年，制定标准，强化多部门联审，在全市开展星级母婴室评选工作，择优选树 16 家星级母婴室，其中五星级 1 家、四星级 3 家、三星级 12 家，在推动构建生育友好型、家庭友好型工作场所中积极发挥工会作用。为进一步发挥母婴室的作用，实现资源共享，长沙市总工会女职工部坚持“互联网 + 工会”理念，联合网络部建立母婴室电子地图，方便职工使用。

# 广东广州市总工会发布最美女职工首席关爱官案例 提升基层女职委工作水平

广东广州市总工会聚焦提升基层工会女职委引领力、组织力、服务力，2024 年广泛开展寻找最美女职工组织、最美女职工首席关爱官活动，并于“三八”妇女节期间集中发布。

一是寻找一批最美女职工组织。经过书面评审、现场路演、综合考量，在近百个基层工会女职工组织中，寻找到 13 个更具凝聚力、影响力、号召力的最美女职工组织。二是挖掘一批最美女职工首席关爱官。挖掘了 15 位带头作用好，能积极为女职工办实事、解难事、维护女职工权益的最美女职工首席关爱官。三是发布 8 个具有“工”字内涵和“女”字特色的最美女职工首席关爱官案例，充分展现不同战线、不同领域女职工组织或女职工干部，在思想引领、提素建功、维权服务、关爱帮扶、自身建设中可复制推广的创新做法。四是成立最美女职工首席关爱官指导团。丰富女职工首席关爱官品牌内涵，开展“女职工首席关爱官助企行”，全面帮助基层女职委开拓工作视野、提升工作水平。

此项活动有效激励了广大女职工组织和女职工干部创新活力、比学赶帮，进一步促进了新时代广州工会女职工工作提质增效、争创一流、全面开花。

# 上汽大通汽车有限公司南京分公司工会委员会积极推进女职工创新工作室建设

上汽大通南京分公司工会以女职工创新工作室（班组、团队）为抓手，引领女职工巾帼建功成长。

一是主动搭台，汇聚创新创造力量。印发工作室建设“五有”标准，即有女职工专业人才领衔、有创新工作团队、有工作平台、有实施项目和工作制度、有创新成果，精心打造女职工创新工作室，搭建巾帼创新联盟，促进女职工创新有场地、技能交流有平台。

二是深度融合，开拓创新创造通道。将创建“女职工创新工作室”与“劳动竞赛”、“合理化建议”有机结合，开展技术创新、技术攻关，积极破解生产难题：自主研发大通 / 跃进智能排程系统；搭建国内第一家卡车线上智能选配购车平台；利用 TBOX 车联网定位信号加快厂区产品车定位寻车，效率提高 75%，有效助力企业在新的“双赛道”快速发展。

三是传承匠心，孵化成长成才团队。积极发挥女劳模工匠的“传帮带”作用，签订“师徒责任状”，开展质量攻关、技能比武等系列活动，完成 10 项改善改造，创造经济效益 400 多万元；组织各类女工培训 25 场次，40 人次获得能级晋升，取得 24 项女职工牵头专利，使女职工创新工作室成为培养高技能人才的孵化器。

**图书在版编目（CIP）数据**

全国工会重点工作创新案例. 2024年. 第1-2期 / 中华全国总工会编著.
—北京：中国工人出版社，2024.4
ISBN 978-7-5008-8437-8

Ⅰ. ①全…　Ⅱ. ①中…　Ⅲ. ①工会工作—案例—中国　Ⅳ. ①D412.6

中国国家版本馆CIP数据核字（2024）第070997号

全国工会重点工作创新案例（2024年第1-2期）

| | |
|---|---|
| **出 版 人** | 董　宽 |
| **责任编辑** | 王晨轩　罗荣波 |
| **责任校对** | 张　彦 |
| **责任印制** | 栾征宇 |
| **出版发行** | 中国工人出版社 |
| **地　　址** | 北京市东城区鼓楼外大街45号　邮编：100120 |
| **网　　址** | http://www.wp-china.com |
| **电　　话** | （010）62005043（总编室）<br>（010）62005039（印制管理中心）<br>（010）62382916（工会与劳动关系分社） |
| **发行热线** | （010）82029051　62383056 |
| **经　　销** | 各地书店 |
| **印　　刷** | 三河市万龙印装有限公司 |
| **开　　本** | 880毫米×1230毫米　1/32 |
| **印　　张** | 12 |
| **字　　数** | 290千字 |
| **版　　次** | 2024年4月第1版　2024年4月第2次印刷 |
| **定　　价** | 48.00元 |